MORADIA NAS CIDADES BRASILEIRAS

REPENSANDO A GEOGRAFIA

MORADIA NAS CIDADES BRASILEIRAS

ARLETE MOYSÉS RODRIGUES

Copyright © 1988 Arlete Moysés Rodrigues
Todos os direitos desta edição reservados à
Editora Contexto (Editora Pinsky Ltda.)

Coleção
Repensando a Geografia

Coordenação de coleção
Ariovaldo U. de Oliveira

Projeto gráfico e de capa
Sylvio de Ulhoa Cintra Filho

Foto de capa
"Vila Madalena, SP", Jaime Pinsky

Fotos
Arlete Moysés Rodrigues

Desenho
Rubens S. Fuzita

Revisão
Rosa Maria Cury Cardoso e Candida M. V. Pereira

Composição
Veredas Editorial

Dados Internacionais de Catalogação na Publicação (CIP)
(Câmara Brasileira do Livro, SP, Brasil)

Rodrigues, Arlete Moysés
Moradia nas cidades brasileiras / Arlete Moysés Rodrigues;
revisão Rosa M. C. Cardoso e Candida M. V. Pereira.
10. ed., 1ª reimpressão. – São Paulo : Contexto, 2024. –
(Repensando a Geografia)

Bibliografia
ISBN 978-85-7244-053-0

1. Moradias 2. Favelas 3. Sistema Financeiro de Habitação
I. Título

19. CDD-304.2
-307.3
-332.32

Índices para catálogo sistemático:
1. Moradias 304.2
2. Favelas 307.3
3. Sistema Financeiro de Habitação 332.32

2024

Editora Contexto
Diretor editorial: *Jaime Pinsky*

Rua Dr. José Elias, 520 – Alto da Lapa
05083-030 – São Paulo – SP
PABX: (11) 3832 5838
contato@editoracontexto.com.br
www.editoracontexto.com.br

Proibida a reprodução total ou parcial.
Os infratores serão processados na forma da lei.

SUMÁRIO

A Autora no Contexto 9
1. Introdução 11
2. A Terra e a Casa 14
3. A Terra como Mercadoria 16
4. A Produção da Casa-Cidade 28
5. Atuação do Estado 53
6. Considerações Finais 61
Sugestões Bibliográficas 69
O Leitor no Contexto 71

Aos que lutam por uma
produção mais justa do
espaço urbano.

A AUTORA NO CONTEXTO

Arlete Moysés Rodrigues é a caçula de uma família de sete flhos. Ao concluir o curso primário, teve que suspender os estudos para auxiliar a sobrevivência da família, trabalhando como operária em indústrias têxteis. Posteriormente, sempre estudando à noite, concluiu o ginásio e o colegial.

Na Universidade de São Paulo, bacharelou-se e licenciou-se em Geografia, e defendeu seu mestrado com a tese "Situação de Trabalho da População Favelada em São Paulo".

Lecionou em escolas oficiais de Primeiro e Segundo Graus, trabalhou na COHAB e na Secretaria de Bem Estar Social do Município de São Paulo, participando dos projetos de Vila de Habitação Provisória e coordenou o Recadastramento de Favelas de São Paulo em 1975.

Atualmente é professora de Geografia Humana e Econômica do Departamento de Ciências Sociais da UNICAMP.

Para Arlete, lecionar é um processo contínuo de aprendizagem. O contato com o jovem que sempre pergunta, questiona e coloca novas observações sobre a realidade, exige do professor uma renovação contínua. Além disso, entende a autora que o saber deve ser posto à disposição da comunidade. Como membro da Associação dos Geógrafos Brasileiros participou de uma iniciativa popular que propôs uma Reforma Urbana à Assembléia Constituinte.

A seguir, Arlete responde a duas questões:

1. Porque entrou nesta área de pesquisa?

R. É difícil precisar com certeza. Havia, desde meus tempos de operária, coisas que eu queria entender. Por exemplo: o que levava meus pais a sempre se criticarem por não terem conseguido comprar uma casa e deixar de pagar aluguel, mesmo vendo que todos os vizinhos pagavam aluguel? Os que deixavam de pagar aluguel mudavam de bairro, saíam da Moóca, um bairro operário da zona leste de São Paulo e iam morar em Sapopemba, Vila Formosa onde as condições de transporte eram mais precárias, os loteamentos ainda pouco ocupados, etc. Só em lugares mais distantes era possível comprar um terreno ou uma casa. Sempre me deixou intrigada este processo. Além disso, também me perguntava, o que teria levado meu pai a passar de "cavaleiro a cavalo"? Meu pai era um carroceiro que fazia transporte de mercadorias – tinha uma carroça e um cavalo. Hoje eu sei, o processo de industrialização, a primazia do automóvel como meio de circulação, fez com que fosse proibido, na área comercial da cidade de São Paulo, o transporte com animais. Assim, restou a meu pai vender o cavalo e a carroça – com o preço desvalorizado pela "proibição do meio de transporte" – e comprar um "carrinho de mão", que puxava com suas próprias forças. Este processo caracterizou um empobrecimento da classe trabalhadora, que sem dúvida, impediu o acesso à "casa própria". Estes dois aspectos me levaram, entre outros, a tentar compreender a realidade.

Ao ingressar como geógrafa na Secretaria de Bem Estar Social, minha primeira tarefa foi pesquisar áreas vazias que pudessem ser desapropriadas ou compradas para a construção de casas das "Vilas de Habitação Provisórias". Este projeto não foi implantado, mas me permitiu começar a entender com maior clareza a "especulação imobiliária", o mecanismo de definição do preço da terra, a questão salarial e a "escassez" da moradia ao lado de tanta terra para moradia.

2. *Como se une a questão teórica e prática?*

R. Esta é uma questão extremamente complexa. Professora e pesquisadora que sou, vejo meu dia-a-dia entremeado com a reflexão sobre o cotidiano e sobre a cidade. Busco compreender a realidade e, sem dúvida, não bastam apenas as leituras, é preciso participar e fazer pesquisas sobre a realidade. Tento refletir sobre o que acontece no cotidiano da cidade e participar de movimentos reivindicativos, levando-lhes pelo menos minha solidariedade e os conhecimentos adquiridos em estudos. Se compreendo as causas da espoliação da classe trabalhadora, penso que é necessário participar para esclarecer um maior número de pessoas. Afinal estudei numa universidade pública, a USP, e leciono hoje numa outra universidade pública, a UNICAMP. É um tributo que devo à sociedade que, enfim, através de vários tipos de impostos, paga pelo meu trabalho.

1
INTRODUÇÃO

De alguma maneira é preciso morar. No campo, na pequena cidade, na metrópole, morar como vestir, alimentar, é uma das necessidades básicas dos indivíduos. Historicamente mudam as características da habitação, no entanto é sempre preciso morar, pois não é possível viver sem ocupar espaço.

No interior da casa é onde se realizam outras necessidades; além de se ter um abrigo, é onde se dorme, tem-se privacidade, faz-se as refeições, realiza-se a higiene pessoal, convive-se com o grupo doméstico, etc. A moradia também é local de trabalho: sempre se trabalha na casa para a própria manutenção, como lavar, cozinhar, passar e, muitas vezes, para a concretização de um valor em dinheiro, para a subsistência.

Espacialmente mudam as características da habitação. É suficiente observar qualquer cidade para verificar que há uma grande diferenciação entre as características de moradias dos bairros, tamanho dos lotes das construções, da "conservação", de acabamento das casas, as ruas – asfaltadas ou não –, a existência de iluminação, esgotos, etc. para se ter uma noção da segregação espacial. Ao mesmo tempo, há espaços na cidade com infra-estrutura e outros sem. Há espaços densamente ocupados e outros com rarefação de ocupação. Amplos espaços servidos de infra-estrutura e outros com grande densidade de ocupação, mas com rarefação de serviços. Isto significa que a diversidade não se refere apenas ao tamanho e características das casas e terrenos, mas à própria cidade.

Esta diversidade não está relacionada a diferentes tempos de ocupação, ou seja, não foram ocupados em tempos diferentes e "com o passar do tempo" serão servidos por infra-estrutura de equipamentos e serviços coletivos. Trata-se de uma variação no mesmo tempo e no mesmo espaço. O computador é contemporâneo do analfabetismo; a vela, das usinas nucleares; as mansões das favelas. Num mesmo espaço e ao mesmo tempo, a segregação espacial é visível até para os observadores menos atentos.

Desde as mansões até os cortiços e favelas a diversidade é muito grande. Esta diversidade deve-se a uma produção diferenciada das cidades e refere-se à capacidade diferente de pagar dos possíveis compradores, tanto pela casa/terreno, quanto pelos equipamentos e serviços coletivos. Somente os que desfrutam de determinada renda ou salário podem morar em áreas bem servidas de equipamentos coletivos, em casas com certo grau de conforto. Os que não podem pagar, vivem em arremedos de cidades, nas extensas e sujas "periferias" ou nas áreas centrais ditas "deterioradas". Nestes arremedos de cidades, há inclusive aqueles que "não moram", vivem embaixo de pontes, viadutos, em praças, em albergues, não têm um teto fixo ou fixado no solo. Nestes arremedos de cidade, mergulha-se num turbilhão de miséria, de sujeira, o que torna cada dia mais difícil ter força para resistir a estas cidades e aos efeitos da miséria.

Como muitos moram mal, é de se supor que faltam casas que possam ser compradas ou alugadas. Uma rápida observação mostra um contraste entre, de um lado, um grande número de anúncios de casas, terrenos, apartamentos para vender ou alugar, de imóveis utilizados para comércio e serviços – casas transformadas para este novo uso – e, de outro, a carência de moradias. Se todas as casas e terrenos que estão em oferta fossem ocupados, mesmo assim continuariam a faltar casas para se morar. Estima-se que o deficit de moradias no Brasil seja de dez milhões de unidades, o que corresponde a 10% do deficit mundial.

A chamada crise habitacional está presente sempre que se considera a capacidade de pagar dos compradores. Não se conhece grandes empresários ou executivos que tenham dificuldades de morar adequadamente, desde que, é claro, paguem por esta mercadoria tornada escassa e cara. Para quem conta com recursos limitados, a oferta de imóveis no mercado não é compatível com seus salários. Para quem conta com recursos limitados, a crise habitacional não é nova.

Diz Engels, quando analisa a crise de moradia na Alemanha de 1872 que *"uma sociedade não pode existir sem crise habitacional, quando a maioria dos trabalhadores só tem seu salário, ou seja, o indispensável para sua sobrevivência e reprodução; quando melhorias mecânicas deixam sem trabalho massas operárias; quando crises industriais determinam, de um lado, a existência de um forte exército de desempregados e, de outro, jogam repetidamente na rua grande massa de trabalhadores; quando os proletários se amontoam nas ruas das grandes cidades; quando o ritmo da urbanização é tanto que o ritmo das construções de habitação não a acompanha; quando, enfim, o proprietário de uma casa, na sua qualidade de capitalista, tem o direito de retirar de sua casa, os aluguéis mais elevados. Em tal sociedade a crise habitacional não é um acaso, é uma instituição necessária".*

Se desde este período, há demonstrações evidentes desta "crise", neste último quarto do século XX a "crise" se agudiza, por um processo de empobrecimento da classe trabalhadora em seu conjunto; pela vinculação da política urbana às exigências dos mecanismos financeiros internacionais nos países do terceiro mundo (de contenção de serviços públicos); pela apropriação elevada da renda da terra, dos lucros e dos juros na produção das cidades.

Ao findar o século XX, a população urbana mundial corresponderá a 50% do total. No Brasil, desde 1980, 70% da população mora em cidades, concentrada principalmente nas áreas metropolitanas. Urge portanto tratar da questão da habitação.

Neste estudo procurou-se fornecer alguns elementos teóricos para a compreensão dos chamados problemas habitacionais no Brasil, em especial nas grandes cidades.

2
A TERRA E A CASA

O NÃO FRACIONAMENTO DA MORADIA

Morar não é fracionável. Não se pode morar um dia e no outro não morar. Morar uma semana e na outra não morar. No limite da necessidade, é possível – malgrado as conseqüências funestas – almoçar um dia e no outro não, almoçar e não jantar, "pedir um prato de comida" na porta da *casa* de alguém, uma roupa velha, um pedaço de pão, ou seja, a fome é incorporada a algumas estratégias de sobrevivência. Não é possível pedir um pedaço "de casa" para morar, um banheiro para se tomar banho, um tanque para lavar roupa, uma cama para dormir um pouco, exceto, é claro, se se trata de relações pessoais (parentesco e amizade), de aluguel de quartos, de lavanderias, etc. e, é claro, pagando-se por este uso.

A moradia não é fracionável em partes que possam ser "vendidas" ao longo do dia, da semana ou mesmo do mês. É possível aos "despossuídos" – aqueles que não podem pagar – "pedir" uma casa velha para morar? Ir ao "fim" de feira, coletar restos de legumes, verduras e frutas, etc. e pedir "emprestado uma cozinha" numa casa qualquer para cozinhar? A infracionabilidade da casa é um aspecto importante do morar.

Para morar é necessário ter capacidade de pagar por esta mercadoria não fracionável, que compreende a terra e a edificação, cujo preço depende também da localização em relação aos equipamentos coletivos e à infra-estrutura existente nas proximidades da casa/terreno.

O texto do Decreto-Lei 399, que em 1938 regulamentou o salário mínimo diz: "O salário mínimo será determinado pela soma das despesas *diárias* com alimentação, *habitação*, vestuário, higiene e transporte, necessários à vida de um trabalhador adulto".

O trabalhador, portanto, deverá receber um salário que cubra as despesas *diárias* com habitação. Como comprar uma casa/terreno se no cômputo dos salários é prevista uma despesa diária? É possível que o pagamento diário refira-se ao aluguel, porém, mesmo contratos de aluguéis são, em geral, anuais e neste período o trabalhador pode ficar desempregado. Se desempregado, não pode pagar. E não mora no dia/mês que não está trabalhando?

Uma das características específicas da terra ou da casa para moradia é o seu não fracionamento. É claro que também não é fracionável um sapato, por exemplo. Não se compra a sola, depois o couro, etc. Assim, é preciso analisar a não fracionabilidade com outras características: o preço da terra/edificação, que é extremamente elevado, pois no cômputo entra a renda (do proprietário da terra), o lucro (das indústrias de insumo e construção), e os juros (dos financistas). Assim, um metro quadrado de qualquer terreno, em qualquer localização, é superior ao valor do salário mínimo mensal.

Construir criativamente um fogão implica ter um pedaço de terra.

3
A TERRA COMO MERCADORIA

No Brasil, como nos demais países capitalistas, a terra urbana e as edificações integram as mercadorias do modo de produção capitalista.

A terra urbana é permanente, nunca se desgasta, e as edificações sobre esta terra têm propiciado a oportunidade de acumular riquezas. Embora não seja específico da terra, esta tem sido, historicamente, um dos repositórios mais comuns e importantes da acumulação de riquezas.

A terra, como a água, o ar, são indispensáveis à vida. São bens da natureza, que foram "transformados" em mercadorias. Afinal não se paga pelo consumo de água nas cidades? Não se paga por um pedaço de terra? Não se paga mais caro por um lote que é servido por rede de água, do que por outro que não o é? Não se paga mais caro ainda por um lote de terreno, situado em área sem poluição? Basta observar-se os anúncios de vendas de terras/casas para constatar que estes bens da natureza, de uma forma ou de outra, entram no mundo *colorido* das mercadorias e justificam preços diferentes, dependendo da *quantidade* e *qualidade* destes bens da natureza e uma acumulação maior ou menor de riqueza por parte daqueles que têm tais bens para serem colocados no mercado.

A terra é um bem natural, não pode ser reproduzida, não pode ser criada pelo trabalho. Quando alguém trabalha na terra, não é para produzir a terra, mas sim o fruto da terra, ou então as edificações sobre a terra. O fruto da terra, as edificações sobre a terra, são produtos do trabalho, mas a própria terra não é.

A terra, mesmo trabalhada, não desaparece, continua como terra. E claro que se está falando da terra para edificação e da terra agricultável e não da terra utilizada como matéria-prima para olarias, cerâmicas, etc.

A terra é, assim, uma mercadoria "sui generis", não é produto do trabalho, não pode ser reproduzida, não se consome e tem seu preço constantemente elevado, e por mais "velha" que fique, nunca se deteriora. Um bem da natureza que hoje, com a destruição da ecologia, quanto mais "natural", mais "puro", mais "verde" for, maior será o seu Há um consenso, aceito sem a menor contestação por todas as correntes de pensamento: só o trabalho cria valor. A terra é uma mercadoria que tem preço, que é vendida no mercado, e que não é reproduzível, ou seja, tem um preço que independe de sua produção. É uma mercadoria *sem valor*, no sentido de que seu preço não é definido pelo trabalho na sua produção, mas pelo estatuto jurídico da propriedade da terra, pela capacidade de pagar dos seus possíveis compradores.

Até 1822 a distribuição de terras no Brasil era realizada pelo regime de sesmarias. Sem levar em conta a ocupação indígena, após o descobrimento, por *graça* de Deus, as terras passaram a "pertencer" ao Monarca, o qual por este "Direito" fazia concessões de sesmarias (grandes extensões de terras) e doações de datas (lotes menores). Estas formas de atribuir terras, impunha obrigações para quem as recebia e, teoricamente, o não cumprimento de algumas obrigações fazia com que a terra fosse devolvida (devolutas). Em 1822, foram suspensas as concessões reais, e, desta data até 1850, a terra passou a pertencer a quem "quisesse" ocupá-la – melhor seria dizendo, *pudesse ocupar*. Até 1850 a terra não era uma mercadoria, não podia ser comprada e vendida.

Com a Lei 601 de setembro de 1850, conhecida como a Lei das Terras, só quem podia pagar era reconhecido como proprietário juridicamente definido em lei. Além do valor moral, a propriedade como ocorria anteriormente - tinha também valor econômico e social. O capital se desenvolveu e impôs politicamente o reconhecimento da propriedade privada da terra.

A terra é, também, uma espécie de capital, que está sempre se valorizando. É, na verdade, um falso capital, porque é um valor que se valoriza, mas a origem de sua valorização não é a atividade produtiva. Investe-se capital – dinheiro em terra e "espera-se" a valorização.

A terra é um equivalente de mercadoria ou um equivalente de capital. A valorização do capital dinheiro aplicado em terra está relacionada à "valorização" média do capital em geral. A terra é um equivalente de capital, porque se "valoriza" sem trabalho, sem uso. Para produzir renda o ter e o usar não estão juntos. Pauta-se nas regras de valorização do jogo capitalista, que se fundamenta na propriedade privada. Mas, é uma falsa mercadoria e um falso capital. É um valor que se valoriza pela monopolização do acesso a um bem necessário à sobrevivência e tornado escasso e caro pela propriedade.

Neste estudo a terra será tratada como mercadoria, tendo-se em conta sua especificidade de equivalência de mercadoria ou equivalência de capital

O PREÇO DA TERRA

O preço da terra se define originalmente como uma forma de impedir, no momento histórico da ascensão do capitalismo no Brasil, o acesso do trabalhador sem recursos à terra: "Este momento refere-se à passagem do escravismo ao trabalho livre". A declaração do Conselho de Estado de 1842 é transparente a este respeito: "Como a profusão de datas de terras tem, mais que outras causas, contribuído para a dificuldade que hoje se sente de obter trabalhadores livres, é seu parecer que de ora em diante sejam as terras vendidas sem exceção alguma. Aumentando-se, assim, o valor das terras e dificultando-se, conseqüentemente, a sua aquisição, é de se esperar que o imigrante pobre alugue o seu trabalho efetivamente por algum tempo, antes de obter meio de se fazer proprietário" (Baldez, 1986).

Fica evidente que o Conselho de Estado considerava extremamente importante impedir o acesso à terra dos trabalhadores *livres*, o que se torna efetivo com a Lei de Terras de 1850, ficando assim sancionado o princípio que baniu o trabalhador da terra. Define que a terra será vendida no mercado e que terá um preço, que deverá ser inacessível aos trabalhadores, para que estes se constituam efetivamente em mão-de-obra para a lavoura. Como diz José de Souza Martins, a terra tornou-se cativa do capital. Os homens *livres* – com o fim da escravidão – e a terra *cativa*. A terra tornou-se uma mercadoria do modo de produção capitalista. Uma mercadoria que tem um preço só acessível a uma determinada classe.

A definição da propriedade da terra, não ocorre apenas no espaço agrário, mas também no espaço urbano, e com a intensificação do processo de urbanização/industrialização, esta questão se intensifica. Assim, a classe de proprietários que se define com a Lei de Terras, refere-se tanto à terra rural, quanto à urbana.

Para as mercadorias produzidas, o preço no mercado é definido pela produção desta mesma mercadoria. O preço da produção é regulado fundamentalmente pelo tempo de trabalho socialmente necessário para sua produção, quer dizer o seu valor. Como já dito, só o trabalho cria valor, que é o que regula o preço das mercadorias no mercado. No caso dos terrenos, não existe esta regulação do valor de produção. A terra não é produzida, não tem um valor de produção, mas tem um preço, e é comercializada no mercado (compra e venda).

A PECULIARIDADE DA VALORIZAÇÃO

Um aspecto essencial da terra urbana é este: ter um preço que não é definido pelo valor de produção. É uma mercadoria sem valor, cujo preço é definido pelas regras de valorização do capital em geral, pela produção social. Propagandas veiculadas por imobiliárias demonstram esta questão *tijolo: moeda forte, terra: moeda forte e segura*. O que significa que ao adquirir um imóvel (terra/casa), sempre se terá garantido no mínimo o retorno do capital/dinheiro empregado na aquisição. São bens que sempre aumentam de preço, que seguem a dinâmica da acumulação do capital em geral.

Ao se considerar o preço da terra urbana, definido pelo mercado de concorrência – lei de oferta e de procura –, uma série de "peculiaridades" se colocam: é um mercado imperfeito, porque cada terreno tem uma localização única; não há possibilidade de se "produzir" dois terrenos iguais a preços competitivos; o mercado não é transparente, não se conhece todos os terrenos que estão em oferta para compra e venda, há negócios que se fazem de indivíduos para indivíduos. No mercado de compra e venda, quando teoricamente aumenta o volume de ofertas, diminui o preço. No caso dos terrenos, quando novos terrenos entram no mercado, por exemplo na expansão do perímetro urbano, ou loteamentos de glebas, o preço da terra, no geral, aumenta e não diminui.

Estas afirmações nos levam a considerar que o preço desta mercadoria sem valor constitui uma renda. Renda absoluta que confere ao proprietário o direito de usufruir de um bem, de um valor em dinheiro, pelo fato de ser proprietário de um terreno. A renda é a parte do valor de troca que se destina ao proprietário. No caso da terra urbana, como é um bem sem valor, mas com preço, a renda se constitui num tributo que se paga ao proprietário da terra, e que resulta do monopólio da terra por uma classe ou fração de classe.

O preço da terra é definido diferencialmente pela localização. Terrenos com as mesmas dimensões, as mesmas características topográficas, terão preços diferentes, dependendo da localização na cidade. Esta diferenciação que decorre da produção social da cidade, permite aos proprietários se apropriarem de uma renda "extra": a renda diferencial. Um bom exemplo desse processo de definição do preço da terra, é encontrado no Relatório do Plano-Piloto de Brasília, em que se considerou que a *gradação social* poderia ser facilmente "dosada", atribuindo-se maior valor a determinadas quadras, como as quadras contíguas ao setor de embaixadas. Deduz-se das afirmações do relatório que, este buindo-se preços diferentes por conjunto de quadras.

PRODUÇÃO SOCIAL E APROPRIAÇÃO INDIVIDUAL

Dentre os vários agentes que produzem o espaço urbano, destaca-se o Estado, que tem presença marcante na produção, distribuição e gestão dos equipamentos de consumo coletivos necessários à vida nas cidades. Entre os consumos coletivos mais importantes no atual contexto histórico, destacam-se: abastecimento de água, luz, telefone, e a instalação de redes correspondentes; sistema viário e transporte coletivo; espaços coletivos de lazer e esporte, equipamentos e serviços de saúde, educação e habitação para as chamadas classes populares (trataremos deste último aspecto no capítulo referente à atuação do Estado).

Quando o Estado assume a provisão de um destes valores de uso, está canalizando, através de impostos e taxas – diretos e indiretos – parte do trabalho global da sociedade. O Estado reúne estes recursos escassos – porque cada capital aspira obter as vantagens da urbanização, mas quer que seus custos sejam pagos por outros – e, atua de forma não homogênea no espaço urbano. Esta atuação dependerá de uma multiplicidade de determinantes, que se estendem desde a lógica de cada um destes valores de uso-rentabilidade, *necessidade*, existência de recursos, etc., até os interesses políticos e econômicos. A heterogeneidade de atuação no espaço urbano acentua uma "valorização" diferencial de uma área para outra.

As diferenças de preço relativas à localização, em áreas beneficiadas ou não com os equipamentos de consumo coletivos, referem-se à produção social da cidade, ao investimento realizado na área onde se localiza a terra e não necessariamente na própria terra. A apropriação dessas condições gerais de existência na cidade é feita individualmente pelos proprietários de terras. Obtém-se para as áreas bem localizadas um lucro extra na venda da casa/terreno, além de usufruir de uma cidade bem equipada. Cidade produzida socialmente e renda apropriada individualmente.

Todos os cidadãos contribuem para esta produção, seja, como já foi dito, pelo pagamento direto ou indireto de taxas e impostos, seja pela produção de sua casa na cidade. Um dos casos mais comuns de contribuição *direta* na produção, ocorre quando se compra um terreno numa área pouco ocupada e se constrói (autoconstrução, empreitada). Logo após as primeiras construções, os lotes vagos são vendidos, a preço mais elevado que o dos primeiros, sem que os terrenos vagos tenham sofrido qualquer transformação.

Muitos loteamentos são realizados e colocados à venda, com pouca ou nenhuma infra-estrutura, o que significa que de várias formas os compradores se organizam e lutam para obter os equipamentos e serviços coletivos – asfalto, transporte coletivo, luz, água, escolas, creches, postos de saúde, etc. Beneficiam, sem dúvida, aqueles que estão produzindo seu espaço, mas beneficiam principalmente aqueles que deixaram as terras vazias aguardando "valorização".

A ESPECULAÇÃO IMOBILIÁRIA

Os mecanismos da chamada especulação imobiliária relacionada com a ocupação da cidade, podem ser praticados de várias formas. A mais comum, por estar relacionada a um único grupo incorporador, refere-se ao interior da área loteada e diz respeito à retenção deliberada de lotes. Em geral, vende-se inicialmente os lotes *pior* localizados – em relação aos equipamentos e serviços – para, em seguida, gradativamente e à medida que o loteamento vai sendo ocupado, colocar-se os demais à venda. A simples ocupação de alguns já faz aumentar o preço dos demais lotes, "valorizando" o loteamento. Esta é uma forma de ocupação programada, onde é também comum deixar-se lotes estrategicamente localizados para a instalação de serviços e comércio de abastecimento diário – padarias, açougues, farmácias, etc. – ou então os conjuntos comerciais.

Vazios urbanos contrastam com a falta de lugar para morar.

Estes lotes obviamente terão seu preço elevado em relação aos residenciais, porque visam à conquista de um mercado que se amplia e consolida.

Uma outra forma de atuação da "especulação" imobiliária refere-se ao loteamento de glebas, que, via de regra, consiste em não fazer um loteamento vizinho ao já existente, mas deixar-se uma área vazia entre dois loteamentos. Esta segunda maneira é mais difícil de ser concretizada se as glebas não fizerem parte de um monopólio de terras. Mesmo porque não se deve considerar que haja uma solidariedade entre dois proprietários para se extrair conjuntamente uma renda. Ou seja, as glebas vazias existentes entre dois loteamentos, beneficiarão os proprietários dessas glebas, (não se conhece nenhum caso em que a renda extra obtida por esse processo tenha sido apropriada coletivamente por proprietários de terras). Ou seja, há também uma concorrência entre os proprietários de terras, buscando cada um obter a maior renda possível. Assim, os proprietários se beneficiam não só da produção social da cidade, mas também da produção que ocorre nos terrenos vizinhos.

Estranha contribuição para a produção social da cidade: os proprietários que deixam a terra vazia, ociosa, sem nenhum uso, apropriam-se de uma renda produzida socialmente.

Por outro lado, os que mais precisam usufruir de uma "cidade com serviços e equipamentos públicos" – aqueles que têm baixos salários – compram lotes/casas em áreas distantes, onde o preço é mais baixo. Gastam um tempo elevado – de duas a três horas – em deslocamentos casa/trabalho/casa. Além do custo do transporte, constroem suas casas, em geral, nos fins-de-semana, organizam-se para obter serviços públicos necessários à sobrevivência e assim, através do seu trabalho, conseguem obter "melhorias" para estes bairros, aumentando ao mesmo tempo o preço da terra, que beneficiará os proprietários de terras vazias. Não puderam pagar por estes serviços, lutaram para consegui-los, inclusive até perdendo vários dias de trabalho remunerado, e elevam o preço da terra, que será apropriada por outros.

Muitas vezes, quando a "valorização" do lugar faz aumentar em demasia o preço da terra e os impostos, parte daqueles que lutaram por esta transformação são, pela impossibilidade de pagar estas taxas, "empurrados" para mais longe, para recomeçar a produção social da cidade em outro lugar e de novo propiciar a apropriação de renda por apenas uma parcela, na qual não está incluído.

Também conseguem, é claro, aumentar o preço de suas casas/lotes, mas sempre como produto de um sobre-trabalho, enquanto as glebas e os lotes vazios beneficiam alguns proprietários por esta lógica da "valorização" de um bem sem valor.

É evidente que esta "valorização" também ocorre nas áreas dos denominados loteamentos de alto padrão, condomínios fechados, bairros-jardins, onde se vende, além da terra, segurança, homogeneidade de classe social, equipamentos e serviços coletivos, ar limpo e puro, verde, local para lazer, etc., comércio em supermercados e shopping-centers. E aqui como nos loteamentos da "periferia pobre" (porque estes também estão espacialmente localizados na periferia, mas na "periferia rica"), o processo é basicamente o mesmo. Vende-se alguns lotes que "viabilizam" o investimento, e quando começa a ocupação, os demais serão colocados à venda, como expansão do loteamento, *face ao sucesso alcançado*, por um preço mais elevado que os anteriores. Ou então vende-se os lotes mais bem localizados prevendo-se uma valorização futura.

Os investimentos de incorporação ao espaço urbano e que demandam trabalho são adicionados à renda da terra e, também, provocam uma valorização diferencial no espaço urbano, por suas características diferentes – cada um deles dirigido a uma determinada fração de classe social.

Esta mercadoria "sui generis", a terra, tem um preço que é definido pela propriedade, pela capacidade de pagar dos seus compradores e não pela sua produção. Desta mercadoria se obtém renda. Para determinar-se o preço da habitação acrescenta-se a renda da terra-absoluta e diferencial, os lucros dos investimentos de incorporação, da construção da casa, e os juros do capital financeiro – o que atingirá um número extremamente elevado e inacessível para a maioria dos trabalhadores.

OS AGENTES DE PRODUÇÃO DO ESPAÇO URBANO

No conjunto das cidades, a maior parte das edificações – cerca de 70% – corresponde às unidades habitacionais. A produção destas unidades, pode ter sido realizada no circuito imobiliário urbano, que representa a produção tipicamente capitalista. Este circuito vincula-se: a) à propriedade da terra, ou seja, há uma definição jurídica legal sobre a terra; b) ao processo de incorporação imobiliária através de loteamentos regulares; c) à indústria de construção civil, tanto a de insumos para a construção, quanto para a de edificação; d) e aos financiamentos, ou seja ao capital financeiro. De modo geral, esta produção corresponde à menor parte das edificações para moradia, cerca de 10 a 20% das unidades.

Numericamente mais expressiva é a produção de casas pelo processo de autoconstrução – cerca de 70% das edificações nas grandes cidades. A produção de casas por este processo vincula-se parcialmente ao circuito imobiliário urbano; a indústria de edificação está ausente, já que é o próprio morador que edificará sua moradia.

Há, também, toda uma produção da casa – e da cidade – que não está vinculada ao circuito imobiliário: são as favelas e as ocupações de terras. Está ausente a *legitimidade jurídica* da propriedade da terra, a incorporação imobiliária, a indústria de edificação e por vezes até a indústria de construção relativa aos insumos; mas produzem casas e cidades.

O processo de urbanização é decorrente da apropriação para diferentes usos: industrial, comercial, residencial, serviços, produção e circulação de infra-estrutura, etc. Nosso interesse está diretamente ligado à produção da habitação, o que ocorre numa diversidade de processos privados de apropriação do espaço. Cada um deles está determinado pelas regras de valorização de cada capital em particular, de cada fração do capital. Os proprietários de terra procuram obter a maior renda possível, os construtores o maior lucro, os financistas os maiores juros. Os proprietários de casas e apartamentos querem obter os aluguéis mais elevados, e aqueles que não têm casa própria, terreno ou não podem ainda pagar aluguel, procuram se organizar para se opor a estas formas de exploração, através do que são denominados os movimentos reivindicativos urbanos. Já as organizações dos proprietários e construtores são denominadas de "lobbies".

É necessário distinguir pelo menos duas categorias de proprietários de terras. Aqueles que possuem uma terra para edificar a casa própria e os que especulam com a terra. Aqueles que têm uma casa para morar e aqueles que têm muitas casas para alugar. Os que têm sua casa/terra para moradia, não a vêem como objeto de especulação. Embora a terra/casa seja uma mercadoria e tenha embutido em si um valor de uso e de troca (como todas as mercadorias do modo de produção capitalista), esta categoria de proprietários, mesmo podendo obter um preço elevado na venda de sua propriedade, têm como finalidade o uso para morar ou trabalhar, e não apenas comercializar no mercado. Os que "especulam" com a terra esperam obter a maior renda possível de suas propriedades, e vêem a terra como uma possibilidade de ganhos extras. A terra, neste caso, tem maior importância como valor de troca. Importa o preço e não o uso.

Os proprietários de terra não são apenas agentes da produção do espaço urbano quando, associados ou não, promovem loteamentos, mas também quando deixam a terra vazia, fazendo no mínimo uma ocupação da cidade com uma aparência de caos. Grandes espaços vazios numa cidade que se espraia pelas "periferias". Terra vazia e homens sem terra, coexistindo no mesmo espaço e tempo.

Não há, como regra geral, mecanismo de limitação à propriedade da terra. O Estado dispõe sobre o uso da propriedade, mas é muito mais significativa a defesa da propriedade do que a limitação ao uso ou o acesso a quem não tem.

Teoricamente a propriedade deveria ser subordinada "ao interesse social e coletivo" (Constituição de 1934) ou ao "bem-estar social" (Constituição de 1946) ou a "função social" (Constituição de 1969). São, na verdade, abordagens genéricas da garantia do direito de propriedade. No atual momento histórico, com a vigência de um Congresso Constituinte, a questão da função social tem sido colocada pelos movimentos reivindicativos e seus representantes, de forma abrangente e relacionada à questão do uso, enquanto os proprietários e seus representantes explicitam a defesa da propriedade, de quem já tem.

A terra não utilizada é improdutiva, não assume suas funções sociais, adquire um caráter de parasitismo, na medida em que é possível e usual ao proprietário de terras se apropriar de uma renda, gerada pelos investimentos do poder público e dos agentes privados nas circunvizinhanças do imóvel.

Numa tentativa de limitação da especulação imobiliária, alguns partidos políticos, os movimentos dos sem casa/sem terra, e mesmo segmentos da indústria de construção têm explicitado que nos casos de propriedade sem uso justifica-se a desapropriação do imóvel para fins de interesse social ou utilidade pública, com o pagamento do valor venal do imóvel em títulos de dívida pública, para permitir uma produção do espaço urbano mais justa. Há também propostas que se referem à taxação progressiva – imposto territorial progressivo – valores mais elevados para as terras ociosas, e instrumentos como a urbanização ou edificação compulsória – obrigar o proprietário a dar um uso efetivo ao imóvel. Estas propostas referem-se às várias formas de induzir a ocupação de terras ociosas, tornar mais próxima do real a função social da propriedade e diminuir os custos dos serviços públicos, concentrando as redes de abastecimento com a eliminação dos vazios.

A INCORPORAÇÃO IMOBILIÁRIA

Os incorporadores imobiliários são as empresas que individualmente ou associadas aos proprietários loteiam glebas para uso residencial. Se estas glebas localizam-se no perímetro urbano, deve-se elaborar projetos de acordo com a legislação e se obter sua aprovação nas prefeituras. Quando se pretende lotear áreas que não estão no perímetro urbano, depende-se inicialmente de uma aprovação do poder legislativo local para ampliação da área urbana. A ampliação do perímetro urbano independe, na maior parte das vezes, das necessidades: ou seja, coexistem grandes extensões de áreas vazias, com a ampliação do perímetro urbano. É comum se constituírem num artifício do próprio poder local para aumentar a arrecadação, porque o Município só tem competência – pelas leis em vigor – para tributação das terras urbanas.

Por outro lado, não há mecanismos para induzir os proprietários a ocuparem as terras vazias. A abertura de novos loteamentos cabe à iniciativa privada, e o Estado limita-se, em geral, a esclarecer o que pode ou não ser feito. Esta questão tem sido bastante discutida, como já foi dito. No Projeto de Lei Federal 775/83 (art. 29) prevê-se o instrumento de edificação e urbanização compulsória "Lei Municipal, baseada em plano de uso do solo, para assegurar o aproveitamento do equipamento urbano existente, poderá determinar o parcelamento, a edificação, ou a utilização compulsória de terrenos vagos, fixando as áreas, condições e prazos para sua execução. O prazo para início do parcelamento da edificação ou da utilização compulsória não poderá ser inferior a dois anos a contar da notificação ao proprietário". Este instituto, se aprovado e realmente colocado em execução, pode significar uma expansão das cidades sem grandes vazios e assim facilitar também o aproveitamento e a distribuição dos equipamentos e serviços públicos.

No processo do loteamento, que implica a definição de lotes, abertura de ruas, desmatamento, terraplenagem, colocação de guias e sarjetas, etc., há um trabalho incorporado, onde os loteadores esperam obter seu lucro. Ao se realizar a incorporação, altera-se o preço da terra e também das áreas situadas na vizinhança. Há aqui um aumento do preço decorrente do trabalho realizado na área, mais o preço da terra – redefinido pelo loteamento – e mais a "valorização" futura.

No processo de incorporação de novas glebas estão embutidas as diferentes formas de "especulação imobiliária". Participam, em geral, do processo de abertura e de consolidação vários agentes: o proprietário fundiário, o empreendedor do loteamento (loteadores, corretores), compradores dos lotes, (moradores) e o Estado, através do aparelho técnico, financeiro e legal. Os proprietários de terra podem se confundir com os loteadores ou entrar no negócio apenas com a gleba, enquanto os demais encargos – projeto, aprovação, abertura de vias, etc. – ficam a cargo do loteador. As porcentagens que cada um obtém na venda dos lotes, depende do que ficou estabelecido entre as partes. Os corretores de imóveis, exercendo a função de intermediários, obtêm seus lucros/salários (dependendo se são funcionários de uma loteadora ou autônomos), através da cobrança de custos de transação para seus serviços. Estes intermediários, que raramente contribuem para transformar o lote/casa, funcionam também como um dos fatores que fazem aumentar o preço do imóvel, muitas vezes, imperceptivelmente embutido no preço final.

Os loteamentos aprovados são aqueles que obedecem às normas previstas em lei. Só são executados após a aprovação e em conformidade com o projeto. Os loteamentos clandestinos não obedecem às normas previstas. Não há aprovação do projeto ou quando há, não é executado como o previsto. Pela Lei 6766/79, conhecida como Lei Lehman, prevê-se para os loteadores que estejam em desacordo com a lei, pena de prisão e suspensão dos pagamentos ainda devidos pelos compradores. O objetivo é induzir esses loteadores a executar as obras de urbanização prometidas. Constitui crime contra a Administração Pública efetuar loteamentos ou desmembramento do solo para fins urbanos sem autorização do órgão competente, ou em desacordo com as disposições de lei. Embora as cidades estejam coalhadas destes loteamentos e alguns desses loteadores sejam bastante conhecidos, desconhece-se, até o momento, loteadores clandestinos que estejam cumprindo pena de prisão.

O ônus dos loteamentos clandestinos tem recaído sobre os moradores-compradores desses lotes. Não podem aprovar a planta da casa, portanto a construção também é *clandestina* e não podem ter a documentação da propriedade legalizada — a escritura definitiva — mesmo tendo pago pela terra. É verdade que os moradores destes loteamentos têm-se organizado e lutado por seus direitos, e inclusive, considera-se que a Lei Lehman tenha sido, em parte, resultado do movimento dos moradores destes loteamentos.

Tem sido freqüente a "oficialização" dos loteamemtos clandestinos e a anistia para construções irregulares. Se de um lado constitui-se no atendimento da reivindicação dos moradores e os beneficia, de outro torna oficial um loteamento executado irregularmente, permitindo maiores rendas e lucros a esta forma ilegal de parcelamento da cidade.

É comum os loteadores "clandestinos" argumentarem que se atendessem aos padrões exigidos pela legislação, os lotes custariam muito caro e seriam inacessíveis a uma grande parcela de moradores. Estas exigências implicam um menor número de lotes e uma infra-estrutura mínima.

Novamente se coloca a questão: os moradores que menos podem pagar, vão comprar lotes mais distantes, em lugares que atendem às exigências de lei; vão ter que percorrer longas distâncias, gastar mais em transporte-tempo e dinheiro; vão ter que organizar-se, lutar pelo reconhecimento de sua propriedade e com seu trabalho conquistar um direito de morar pelo menos mais dignamente. Os loteadores, no entanto, são premiados com a regularização do loteamento e não são punidos por produzirem estas verdadeiras cidades ditas clandestinas. Loteamentos "ditos" clandestinos, porque todo mundo sabe onde são e quem são os responsáveis.

4
A PRODUÇÃO DA CASA-CIDADE

Na produção da cidade, insere-se também a produção da casa. A indústria de construção é um poderoso agente produtor da habitação, com toda sua gama extremamente variada de empresas de construção civil, desde as pequenas empreiteiras que se dedicam a pinturas, reformas, manutenção de edifícios, até as grandes empresas de construção de hidrelétricas, rodovias, aeroportos, etc.

Em geral, as empresas de construção pesada estão mais ligadas às grandes obras públicas que também estão vinculadas ao processo de produção na e da cidade e na produção de habitação. Por exemplo, as usinas hidrelétricas e as represas de água potável localizam-se, em geral, no campo ou em áreas distantes dos grandes centros. Seu maior consumo, porém, será nas cidades, principalmente nas indústrias e secundariamente, nas moradias. Criam uma rede de infra-estrutura necessária à vida nas cidades, embora, em geral, ocupem pouco espaço – redes aéreas e subterrâneas – e definam pela sua existência ou não, as características da moradia em determinados bairros.

As grandes empresas ligadas a edificações de áreas residenciais, em geral, vinculam-se ao Sistema Financeiro de Habitação – SFH – ao Banco Nacional de Habitação, hoje Caixa Econômica Federal, e procuram, através de vários processos, *racionalizar* a edificação. Há, na indústria de edificação, uma grande gama de tamanhos de empresas, utilizando, na edificação, mão-de-obra numerosa. Por isso, tem sido considerada como uma indústria "reguladora", capaz de diminuir as tensões sociais, na medida que sua expansão, resultará num aumento significativo de empregos e, em contrapartida, numa diminuição do desemprego. A criação do BNH, pós-64, tinha como um dos objetivos o incentivo à indústria da construção civil para a edificação de casas populares.

Embora empresas tenham poucos empregados, e até mesmo um único, que é o próprio trabalhador autônomo, a verdade é que o processo de edificação utiliza muita mão-de-obra, não só no Brasil, mas em todo o mundo.

Há também uma diversidade muito grande de formas de produzir: desde o grande empreendimento imobiliário, com a construção de edifícios em altura ou conjunto de casas, até a construção de partes de uma única unidade de moradia. A venda pode ser feita após o término da construção, ou na planta a preço de custo, ou ainda a preço fixo, cujo pagamento será realizado em parcelas que acompanham o processo produtivo. Nas condições de compra e venda estão embutidos o preço da terra, da incorporação, das corretagens, do material de construção, dos projetos e da edificação, o capital financeiro que pode entrar em várias etapas deste processo, e o financiamento ao usuário final.

O futuro morador, proprietário da terra, poderá gerir a produção da sua casa contratando empresas que cuidarão parcial ou totalmente do projeto. Ou pode ser o indivíduo que administra a construção, contratando diretamente os empregados das obras. Pode, em outro arranjo, empregar apenas um pedreiro que cuidará de toda a obra, ou mesmo não contratar serviço algum e construir sua casa sozinho com ou sem a ajuda da família e parentes.

As características das edificações dependerão – assim como o tamanho dos lotes e o próprio loteamento, como já foi dito – da capacidade de pagar dos moradores. As diferentes características mostram a diversidade do processo de "construção" da casa e da cidade. Mostram as classes sociais na cidade e da cidade.

A diversidade dos grandes conjuntos, com a monotonia das edificações – sejam os vinculados ao BNH – (COHABs, INOCOOPs) ou aos empresários; dos condomínios fechados, com total infra-estrutura e segurança – sejam em blocos de edifícios, sejam em unidades térreas; dos sobrados e casas geminadas; das grandes mansões; das casas eternamente inacabadas; das favelas e dos cortiços, deixam visível uma cidade com vários bairros segregados entre si, uns pela riqueza e a grande maioria pela pobreza.

AUTOCONSTRUÇÃO

Uma das formas da classe trabalhadora resolver seu problema de morar é, como já foi visto, comprando um lote em áreas da periferia pobre e geralmente em loteamentos clandestinos. Como os salários são baixos, só nestes lugares é possível comprar um lote.

A expectativa dos empreendedores, ao *abrir* um loteamento definido como "para a população de baixa renda", "popular", "padrão operário", é de vender os lotes para uma população – que, sem outra alternativa, sujeita-se a morar num bairro carente de serviços. Para o comprador do lote, a preocupação inicial é com o valor da prestação mensal, já que ganha pouco e não medirá sacrifícios para ter a sua casa própria. Em geral, a prestação é fixada numa porcentagem do salário mínimo e num tempo que varia entre cinco à quinze anos. Este largo tempo está relacionado com o valor dos salários, e é bom relembrar que no cálculo do salário (mínimo) não está computado o pagamento de "prestação de casa/terreno" mas a moradia no dia trabalhado.

Em geral, quando o comprador deixa de pagar as prestações por três meses consecutivos, o contrato determina que o lote volte ao loteador, o que não é incomum acontecer, dada a restrita capacidade de pagar dos compradores. Quando isto ocorre, o loteador tirará vantagens, possivelmente porque revenderá o lote a um preço mais alto, sem contar que não há devolução das parcelas já pagas. No entanto, o mais usual é o primeiro comprador revender ressarcindo-se dos valores já pagos. Isto também representa um certo lucro para o loteador, porque a transferência é também cobrada.

De posse do seu lote, começa a construção da casa, através de um processo longo e penoso, calcado na cooperação entre amigos e vizinhos ou apenas na unidade familiar: a autoconstrução.

Bairros inteiros são autoconstruídos.

Uma longa construção

É principalmente através da autoconstrução que a maioria da população trabalhadora resolve seu problema de moradia, principalmente nas grandes cidades brasileiras e de modo geral da América Latina. A construção da casa se prolonga por muitos anos, absorvendo a maior parte do "tempo livre" da família.

A construção é realizada nos fins-de-semana e em parte das férias. O ritmo da construção depende do "tempo livre", do dinheiro disponível para a compra do material de construção e da contratação eventual de um trabalhador especializado para determinadas etapas da construção. O material de construção é muitas vezes comprado em depósitos do próprio bairro que o "financiam". Os juros das parcelas mensais acabam embutidos no preço do material. Para esses pagamentos lançam mão de parte das férias retirada em dinheiro, do 13º salário e retiram o Fundo de Garantia por Tempo de Serviço (FGTS).

É comum se construir inicialmente, no fundo do lote, uma edícula, ou mesmo um barraco de madeira, que serve de habitação enquanto se constrói em alvenaria no meio ou na frente do lote. Esta é também uma maneira de economizar o aluguel e utilizar o dinheiro para comprar material de construção. Ao mesmo tempo, morando no próprio local, aproveita-se o menor "tempo livre" para a construção.

Assim, num longo e penoso processo, constrói-se a casa e a cidade na "periferia", termo com freqüência utilizado para os setores mais precariamente atendidos por serviços públicos e não, necessariamente, pela distância em relação ao centro da cidade. Não se considera periferia os loteamentos de "alto padrão", bem dotados de serviços públicos, mesmo os localizados em áreas distantes do "centro".

A autoconstrução é executada nos períodos que deveriam ser destinados ao descanso do trabalhador, para repor as energias, mas, na verdade, "descansa-se trabalhando, carregando pedras". Este é o lema do autoconstrutor por vários anos.

O sobre-trabalho

Na autoconstrução, recai sobre as costas do trabalhador um sobre-trabalho. No cômputo do salário está teoricamente incluída uma parte referente à habitação. Já foi dito várias vezes, que este valor teórico é calculado para a moradia *diária* e não para o aluguel com contrato anual, compra de casa/terreno ou material de construção. Assim, como o salário não permite prover a moradia, utiliza-se de um grande número de horas de trabalho extra para se conseguir morar. Isto significa que o trabalho de 48 horas semanais, não faculta um lugar para abrigo e deve-se dispender muito mais horas de trabalho para se ter direito a ver atendida uma necessidade básica.

O tempo de trabalho para autoconstruir não é calculado monetariamente, não entra no cômputo do salário, mas faz parte do tempo de trabalho necessário para a garantia do abrigo, faz parte do tempo de descanso que é usado para o trabalho e também do desgaste do trabalhador, e da superexploração da força de trabalho.

À medida que um grande número de trabalhadores autoconstrói ra que o custo da habitação entre cada vez menos no cálculo do salário, embora pese cada vez mais nas costas dos trabalhadores. Estranha contribuição. À medida que trabalha durante seu tempo de descanso e passa a ser proprietário de uma casa, vai se somar ao número de possuidores de casa própria. O aumento da legião de proprietários *contribui* socialmente para que o pagamento da casa no cômputo do salário seja menor, porque, o aluguel cai fora de seus cálculos. Em conseqüência, as reivindicações podem diminuir. Ou seja, é possível diminuir o nível de expectativa nos movimentos reivindicativos em relação aos salários, porque se calculará a sobrevivência sem o custo da moradia, e, assim, entende-se um dos aspectos da "ideologia" da casa própria, tão apregoada quando da criação do BNH.

Na ideologia dominante, quando não se "consegue" ser proprietário à custa de um esforço tão acentuado, é porque se é preguiçoso, porque o "povo brasileiro não gosta de trabalhar", porque ele se apega ao "descanso no fim-de-semana". Esta mesma ideologia é transmitida aos trabalhadores que se assumem responsáveis pelo acesso ou não à casa própria, e mesmo pelo acesso ou não ao emprego. São comuns declarações como: "não *consegui* construir ou comprar minha casa, ou *eu* perdi o emprego". Dificilmente a situação é colocada assim: "as condições não permitiram que eu comprasse uma casa" ou "a situação econômica me fez perder o emprego".

Os equipamentos de consumo coletivos extrapolam a dimensão do indivíduo e da família, e se colocam na dimensão da sociedade. Assim, a *melhoria de vida* se realiza segundo dois processos complementares: pelo acesso, graças ao esforço individual, aos empregos e, com sacrifícios, a casa/lote; e através de lutas para obter serviços urbanos adequados dos poderes públicos.

Em linhas gerais, a autoconstrução é um processo de trabalho extremamente penoso, com elevados custos individuais que recaem sobre os setores mais pauperizados. Há um alongamento da jornada de trabalho, que repercute na acumulação de capital, já que permite pagar salários mais baixos e ao mesmo tempo desgasta rapidamente a capacidade produtiva da força de trabalho, sem o mínimo descanso necessário. O produto – a casa – embora seja muito precário – pela qualidade do material de construção, da edificação – é uma alternativa de moradia. Produz-se a casa e a cidade neste processo cotidiano.

O processo de autoconstrução, já existente nas primeiras décadas deste século, torna-se mais ativo na década de 50, intensificando-se ainda mais na década de 60. Está vinculado ao processo de industrialização e crescimento urbano e à transformação do sistema de transportes, substituindo-se os bondes puxados a burro, pelos bondes elétricos e estes por uma malha viária a ser percorrida pelos ônibus. Enquanto no início do século XX prevalecia um padrão adensado de cidade, desde 1950 prevalece um crescimento horizontal, com a predominância da autoconstrução.

Têm sido freqüentes as tentativas dos governos de atuar em programas de autoconstrução. Desde experiências internacionais, como as realizadas pelo Banco Mundial, pela "Aliança para o Progresso" que "apoiam e incentivam" a autoconstrução, até as nacionais como os programas "Mutirão-autoconstrução", "João de Barro", seja em âmbito nacional, estadual ou municipal.

Em 1985, 21 anos após sua criação, o BNH, através dos projetos FICAM (Financiamento de Construção, Aquisição ou Melhoria da Habitação de Interesse Social) tinha financiado 37.531 unidades e 1.651 estavam em construção; no Projeto "João de Barro" haviam 3.575 unidades em construção e estava prevista a construção de mais 1.183 unidades. Isto significa que 43.940 famílias "tinham sido beneficiadas" com os financiamentos para o material de construção. Quando se compara a atuação do Estado nestes programas com a produção individual de autoconstrução (70% das cidades são feitas por este processo), tem-se uma dimensão da modéstia destes financiamentos.

"Cultura Popular"

A alternativa da autoconstrução é considerada viável pelos poderes públicos, porque é mais barata, já que não se "conta" os custos de mão-de-obra, assumidos pelo trabalhador; além disso, essa alternativa é colocada, ideologicamente, como valorização do saber popular. Dá-se ênfase à "cultura popular", num discurso demagógico: "o povo sabe construir sua casa". Se os trabalhadores têm resolvido seu problema de moradia pela autoconstrução, por que não financiar material e dar assistência técnica para que as casas fiquem com melhor aparência? (Além disso, favorece a contratação de um grande número de técnicos para acompanhar o programa.)

Os trabalhadores pagam duplamente: quando do recolhimento do FGTS e nas parcelas de financiamento do material de construção. Além disso, embutido no preço, encontra-se a assistência técnica "gratuita" para a sua construção; e como se não bastasse, têm que despender um duplo esforço: trabalhar para garantir seu sustento e trabalhar no seu descanso para garantir uma das necessidades básicas da sobrevivência – o morar, com o material de construção financiado pelo trabalho.

A autoconstrução reproduz – ao produzir casas em lugares sem infra-estrutura e com um sobre-trabalho individual – as condições gerais de reprodução do espaço urbano. Onde é possível morar, de que modo é possível morar, definindo e redefinindo o *lugar* de cada um na cidade.

A autoconstrução também é uma reivindicação dos sem terra/casa, que buscam, com enorme sacrifício, obter um teto para morar. A autoconstrução produz um valor de uso que tem também um valor de troca. A produção de uma casa dilapida ainda mais os trabalhadores, mas se constitui numa das poucas alternativas para morar.

AS FAVELAS

Desenho de Rubens S. Fuzita.

Por que existe a favela? João Apolônio Gomes, morador da Favela da Biquinha, em São Bernardo do Campo, assim se expressa em sua carta publicada originalmente no "vai e vem", Boletim das Migrações de São Paulo e reproduzida no Jornalivro ano II – Outubro de 1983 nº 3:

"A favela cresce através do migrante, do homem do campo, porque na roça não dá mais para viver. Porque o fazendeiro dá mais para um boi, ou plantar um capim do que deixar um trabalhador plantar um milho ou feijão. Através também do aluguel que prefere alugar para quem tem cachorro, do que a pessoa que tem um filho. O boi e o cachorro vale mais que o trabalhador e o filho. E através do salário mínimo que é

muito baixo e da falta de emprego. Por isso não está mais existindo mais lugar, nem de fazer um barraco. Porque já está tudo lotado".

"A favela cresce também através da mentira. Uma pessoa sai de qualquer cidade grande e vai passear no interior e chega lá, e mente para um companheiro dele, que lá onde ele está ele vai ganhar mais; e chega lá ele não vai ganhar, então ele não tem condições de pagar um aluguel e vai morar na favela.

Sempre aparece na favela um para dar ordem, mas não aparece um para pedir melhoria na favela. E quando aparece é perseguido.

A gente não mora na favela porque gosta e nem porque quer, mas porque é obrigado: para manter a família e não morrer de fome."

Esta expressiva definição de um favelado mostra, com toda a sua clareza, as causas da existência das favelas e de seu crescimento. A expulsão sucessiva de muitas terras, por falta de condições de sobrevivência é atribuída, eufemisticamente à "atração" da cidade. Esta expulsão no relato aparece significativamente ligada à transformação das áreas de agricultura em pastagens. Os baixos salários, que impedem o pagamento de aluguéis, a recusa em "aceitar" crianças nas casas enquanto os cachorros são bem-vindos, refletem sem dúvida, uma situação muito clara: a casa será alugada para *quem pode pagar* – sustentar um cachorro e, quem sabe, filhos.

A mentira é também a mentira dos meios de comunicação ao apregoar a fartura e o grande número de empregos da cidade. Basta observar o que os meios de comunicação "vendem": o bem-estar e o luxo, através das bebidas, cigarros, marcas de roupas, etc. e, também, a responsabilidade do próprio indivíduo em "vencer". "Se veio para a cidade e não conseguiu emprego e casa, a responsabilidade é sua." Os meios de comunicação criam também, uma expectativa. Os que vieram "devem estar bem de vida" ou devem inclusive "mentir" sobre a sua situação para não se assumirem fracassados em relação à sua responsabilidade.

Diz o texto de Apolônio Gomes que só aparece na favela gente para dar ordem; portanto, não interessa a verdadeira necessidade, mas quase sempre um interesse particular. Quando há de fato uma organização, um interesse efetivo, há perseguições. E fica claro que morar na favela não é uma escolha, mas uma necessidade – para não morrer de fome.

Quantas são?

E afinal, quantas são as favelas no Brasil? Quantos são os barracos e qual é a população favelada?

Tabela 1   Regiões Metropolitanas – população total e população residente em favelas

Regiões	Pop. Total (a)	Pop. Favelada (b)	% de (b) sobre (a)
Belém	1.009.349	1.005	0,1
Fortaleza	1.581.588	171.366	10,8
Recife	2.348.362	100.366	4,3
Salvador	1.772.018	57.358	3,2
Belo Horizonte	2.541.788	193.410	7,6
Rio de Janeiro	9.018.637	718.253	8,0
São Paulo	12.588.439	476.621	3,8
Curitiba	1.441.743	19.521	1,4
Porto Alegre	2.232.370	77.952	3,5
Total	34.525.294	1.815.656	5,3

FONTE: IX – Recenseamento Geral do Brasil – IBGE – 1980.

Segundo o cadastramento efetuado pelo Censo Demográfico de 1980, a população favelada era de 2.249.449 pessoas (1,9% da população total do Brasil), o que, sem dúvida, são números muito modestos que não condizem com a realidade.

O termo favela, de acordo com o mesmo IBGE, diz respeito a um aglomerado de pelo menos cinqüenta domicílios – na sua maioria carentes de infra-estrutura – e localizados em terrenos não pertencentes aos moradores. O que distingue a favela de outros locais de moradia, também sem infra-estrutura é a natureza da ocupação das terras. Os mais variados termos são utilizados: invasão de terras alheias, apropriação indevida de vazios urbanos, câncer urbano.

A favela se constitui numa ocupação juridicamente "ilegal" de terras. Terras sem uso, em geral do Poder Público são ocupadas pelas famílias sem terras e sem teto.

Pelos dados do IBGE, 80% da população favelada mora nas regiões metropolitanas, o que serve de um primeiro demonstrativo de que a chamada crise de habitação está mais concentrada onde também se concentra a produção. Ou seja, concentração de riqueza e de pobreza, porque, sem dúvida, nas metrópoles o preço da terra é mais elevado, o que torna ainda mais difícil o acesso de uma grande parcela dos moradores à terra e à casa.

Os dados referentes ao número de favelas, barracos e população favelada são muito variáveis e, por vezes, conflitantes. Os dados do IBGE – Censo Demográfico, não coincidem com outros dados oficiais dos municípios, por exemplo: em São Paulo, no município, alguns dados da Prefeitura estimam a população favelada em 10%, outros em 4%, enquanto os dados do IBGE apontam 3,8% para a Região Metropolitana. Para o Rio de Janeiro, estima-se que um terço da cidade more em favelas, embora o IBGE, considere que no Grande Rio apenas 8% estão em favelas. Os números são muito variáveis e convém ressaltar esta possível "dificuldade" em se contar as favelas apontando para as diferenças de dados entre os órgãos públicos.

Como diz o poeta Drummond:

"São 200, são 300 as favelas cariocas? O tempo em contá-las e o tempo de outras surgirem... Onde haja terreno vago, onde ainda não se ergueu um caixotão de cimento esguio (mas vai se erguer) surgem trapos e panelas, surge fumaça de lenha em jantar improvisado... Que fazer com tanta gente brotando do chão, formigas de um formigueiro infinito? Ensinar-lhes paciência, conformidade, renúncia? Cadastrá-los e fichá-los para fins eleitorais? Prometer-lhes a sonhada mirífica, rósea-futura distribuição (oh!) de renda? Deixar tudo como está para ver como é que fica? Em seminários, simpósios, comissões, congressos, cúpulas de alta prosopopéia elaborar a perfeita e divina decisão?..."

A diferença dos números serve apenas de exemplo do tempo que se perde em contar as favelas, verdadeiros formigueiros de gente que não tem onde morar.

Quando surgem?

Considera-se que as primeiras favelas surgiram no Rio de Janeiro logo após a Guerra de Canudos e em São Paulo por volta da segunda Guerra Mundial. Começam, no entanto, a ser mais "visíveis", quando se expande o processo de industrialização-urbanização. A partir da década de 50 passam a ser reconhecidas como "problema". Problema este que, ao longo do tempo, tem sido visto de várias formas:

a) como local de marginais – nessa visão é necessário se acabar com as favelas para acabar com os marginais; b) como local onde se conseguem votos – nessa visão é necessário visitar os favelados, fazer promessas, tratá-los como iguais (porque seus votos valem o mesmo que o dos outros); c) como resultado do processo de migração e os favelados vivem desta forma, porque estão se "integrando" no meio urbano, "criam" um lugar que lhes lembram o campo. Segundo essa visão é preciso treinar, educar os favelados a fim de que se integrem familiarizem-se com os serviços urbanos para serem no futuro *incorporados* ao mercado de trabalho e à cidade.

Favelado não tem onde morar: "Eu não tenho onde morar, é por isso que eu moro na areia", e assim é preciso construir casas para diminuir a crise de moradia e conseqüentemente as favelas. A favela é ilegal, o que leva também a uma aceitação e remoções, como na música de Adoniram Barbosa "Saudosa maloca... Vieram os homens com as ferramentas, o dono mandô derrubá. Os homens estão com a razão, nós arranja outro lugar". Ao mesmo tempo que há resistência para remoções, há também a aceitação de sair porque a terra é de outro dono que não o favelado.

"Ilegalidade"

Ao longo do tempo o conceito de favela que se mantém, é o que se refere aos seus ocupantes como proprietários da terra *ilegítimo*, ou seja, sujeitos de uma ocupação juridicamente irregular. As definições que se referiam às características do barraco estão paulatinamente mudando, já que os barracos de madeira, construídos com sucata, têm sido gradativamente substituídos pelos barracos de "madeirit" ou por blocos. Uma outra característica que se tem alterado é a que se refere à forma de ocupação: vielas de traçado irregular estão se transformando em vielas que muitas vezes permitem a passagem de veículos. Esta mudança está vinculada à urbanização e melhorias das favelas, com a introdução de alguns serviços básicos como luz e água.

O que continua como característica essencial é a irregularidade da propriedade das terras. A terra foi ocupada ilegalmente. Os moradores não são os proprietários legais, porém a ocupação torna-se cada vez mais legitimada pelo próprio poder público. Sem condições de "resolver" a falta de moradias e pressionado pelos moradores, o poder público mantém programas de urbanização de favelas. Os moradores lutam pelo direito de concessão real de uso ou usucapião urbano. A concessão de direito real de uso diz respeito ao direito de usar o imóvel por um prazo que não exceda 99 anos. É muito comum se conceder o uso de terras públicas para clubes de futebol utilizando-se este instrumento jurídico e os moradores das favelas reivindicam este mesmo direito. O usucapião urbano também é uma reivindicação que se coloca para os movimentos, principalmente para aqueles que ocupam áreas de propriedade particular, onde o instrumento de concessão de direito real de uso não se faz valer.

A maior parte das favelas ocupa terras públicas, da União, Estado ou Município. Em geral as ocupações ocorrem nas áreas "verdes" dos loteamentos. Pela legislação em vigor os loteadores são obrigados a deixar 15% da gleba total para serem utilizadas como áreas verdes. Em geral estas áreas é que são ocupadas pelos favelados. Na maior parte das vezes são os locais de maior declividade, as mais insalubres, etc., o que também explica porque as favelas ocupam as "piores" terras, as que apresentam maiores problemas de enchentes, de desabamentos, e que deixam seus moradores expostos ao risco de perder seu barraco, quando não sua vida.

Urbanização de favelas: vielas estreitas e casas de blocos.

Os favelados não são proprietários jurídicos das terras que ocupam. Contestam as formas institucionais que regem o direito ao uso do solo urbano, na medida que pela necessidade de morar, de sobreviver, ocupam cotidianamente um pedaço de chão.

A casa/barraco é, em geral, propriedade do morador, mas esta propriedade refere-se somente à edificação, que tanto pode ter sido comprada, como ter sido construída pelo próprio morador, através do processo de autoconstrução. Como a terra/casa não circula – é o título de propriedade o que circula – o que se vende não é a própria coisa mas o seu símbolo. Para os ocupantes, não é o papel o que tem valor nesta *propriedade* do barraco, mas é a ocupação. Portanto, quando se fala na compra e venda do barraco é necessário atentar para mais esta característica da terra/casa e do barraco.

Há sempre uma questão no ar: como vivem tão mal, se alguns têm geladeira, televisão e até aparelho de som? Se os favelados podem comprar estes eletrodomésticos por que não podem alugar uma casa? A explicação é simples. O preço destes eletrodomésticos, é o mesmo de um terreno/casa? E o aluguel, será o mesmo da prestação destes eletrodomésticos? E eles não são também necessários para a vida na cidade, ou os "pobres" não têm o direito de comprar uma televisão, uma geladeira, etc.? Além disso, muitos destes aparelhos são usados, pagos em longas e "suaves" prestações mensais, ou mesmo ganhos.

A favela surge da necessidade do *onde* e do *como* morar. Se não é possível comprar casa pronta, nem terreno e autoconstruir, tem-se que buscar uma solução. Para alguns essa solução é a favela. A favela é produto da conjugação de vários processos: da expropriação dos pequenos proprietários rurais e da superexploração da força de trabalho no campo, que conduz a sucessivas migrações rural-urbana e também urbana-urbana, principalmente de pequenas e médias para as grandes cidades. É também produto do processo de empobrecimento da classe trabalhadora em seu conjunto, bastando lembrar que o valor real do salário mínimo tem sido extremamente depreciado e está, no atual momento, num de seus mais baixos patamares, cerca de 50% do seu valor em 1960. Resultado também do preço da terra urbana e das edificações – mercadoria inacessível para a maior parte dos trabalhadores – a favela exprime a luta pela sobrevivência e pelo direito ao uso do solo urbano de uma parcela da classe trabalhadora.

Face aos baixos salários, ao subemprego ou mesmo ao desemprego, enfrentados por um gigantesco e crescente setor da população, torna-se necessário reduzir os gastos básicos à sobrevivência física. E entre estes gastos a moradia é um item importante, seja pela habitação em si, seja, muitas vezes, pelo preço dos transportes para o emprego, isto quando é possível morar mais próximo ao emprego.

As favelas são, para a população, uma estratégia de sobrevivência. Uma saída, uma iniciativa, que levanta barracos de um dia para outro, contra uma ordem desumana, segregadora. Uma iniciativa que desmistifica o mito da apatia do povo: é apático o indivíduo que luta para sua sobrevivência, que busca resgatar sua cidadania usurpada.

Remoção e erradicação

A preocupação e atuação do Estado nas favelas tem sido, ao longo dos anos, marcada por duas propostas básicas: erradicação da favela, através da remoção dos moradores e a liberação da área antes ocupada, para outros usos, com o objetivo de extirpar estes aglomerados, que sem dúvida interferem no preço da terra das imediações. A existência das favelas desvaloriza a terra das proximidades. Ao remover a favela, remove-se um dos obstáculos para aumentar a renda da terra, ao mesmo tempo que se leva "para mais longe" os seus moradores e sua pobreza. A outra possibilidade é a permanência da favela, com erradicação de suas características – urbanização e melhorias com introdução de infra-estrutura (água, luz, esgoto sanitário) e a abertura de vias mais amplas de circulação. A urbanização prevê a permanência da população na área ocupada, porém com modificações substanciais na aparência e na legalidade, pois supõe a divisão da favela em lotes ou frações ideais de um terreno. Esta atuação também altera a dinâmica do preço da terra, propiciando – pela retirada das características de favela – um aumento de renda aos proprietários das áreas vizinhas.

Embora estas sejam as duas grandes propostas básicas de intervenção, há uma grande variedade de formas de uma cidade para outra, considerando-se as forças políticas locais e o número de favelas. No Rio de Janeiro, há referências sobre necessidade de se atuar nas favelas desde 1936. No entanto as intervenções ganham consistência no período Vargas (1941-43) e na década de 60 os programas de remoção se intensificam. Em 1962, com empréstimo da USAID, removem-se 6.800 famílias para as Vilas Kennedy, Aliança e Cidade de Deus. Em São Paulo, até 1966, as remoções eram realizadas com base no "atendimento individual" das famílias. Na década de 70 se verificam um grande número de propostas e projetos de erradicação de favelas – as Vilas Provisórias. Em Salvador há que se urbanizar as áreas de palafitas, legitimando as áreas ocupadas, "tornando proprietários" os moradores dessas áreas, através das vendas dos lotes.

As atuações esparsas e diferentes de uma cidade para outra ganham uma certa homogeneidade quando em maio de 1980, o Banco Nacional de Habitação – BNH – define nova atuação em favelas através do PROMORAR – Programa de Erradicação da Sub-Habitação. É um programa de emergência para agir especialmente nas favelas, mocambos e palafitas, recuperando-as e construindo habitações, provendo as áreas de infra-estrutura e de equipamentos e promovendo o financiamento para a aquisição do lote e da casa (embriões de 20 metros quadrados) num prazo de 25 anos.

O PROMORAR, implantado a nível nacional, torna mais homogêneas as intervenções em favelas, embora outras formas não desapareçam. O programa prevê a permanência dos moradores no mesmo local da favela. Deve-se realizar a urbanização da área ocupada, definir os lotes, construir os embriões e comercializá-los, concretizando-se assim a legalidade da ocupação. Ao se fazer um "loteamento", mesmo que se obedeça a padrões "populares", uma parte dos barracos não poderão permanecer nas áreas loteadas. Para as famílias que não podem pagar, nem em 25 anos, restará a alternativa de serem removidas – são as famílias residuais, nos termos empregados pelos promotores.

O PROMORAR, também interfere no preço da terra, à medida que retira o caráter de ilegalidade da ocupação e transforma uma ocupação em área loteada e unidades de madeira em alvenaria. É verdade que em unidades muito pequenas, de 22 metros quadrados (um cômodo e um banheiro), mas que poderão "crescer", já que os lotes têm, em geral, 70 metros quadrados.

É um programa bastante difundido, porém de resultados modestos. Até o final de 1985, haviam sido construídas 151.811 unidades e 22 mil estavam em construção. Mesmo se a favela fosse resultado de falta de moradias, a intervenção do BNH-PROMORAR não teria resultados significativos para acabar com as mesmas. Não faltam porém novos programas. O Governo Federal, em julho de 1987, anunciou que pretendia gastar seis bilhões de cruzados com a implantação de melhorias em 3.500 favelas com cerca de 12 milhões de habitantes. Não se coloca a remoção dos moradores, mas a remoção das características de favela, o que atende, pelo menos parcialmente, às reivindicações dos favelados que lutam pela instalação de serviços públicos e pela permanência nas áreas ocupadas. Não atua, porém, nas causas da existência das favelas.

OCUPAÇÕES

No final da década de 70, a falta de alternativas sucessivas do *onde* e do *como* morar, torna freqüente uma outra maneira de tentar solucionar esta questão: a ocupação de terras nas cidades.

As causas são as mesmas da existência das favelas. Sua maior ocorrência nos últimos anos, decorre de que os espaços nas favelas encontram-se praticamente ocupados; e também é conseqüência de uma maior organização dos moradores das cidades. Mobilização e organização que correspondem aos movimentos reivindicativos urbanos.

Igreja também é lugar de discutir problemas de moradia.

Estas ocupações são também, como as favelas, irregulares do ponto de vista jurídico da propriedade da terra. Em grande parte, as construções são barracos de madeira. Apesar de terem algumas semelhanças, em termos de aparência, com a favela, apresentam diferenças significativas.

A favela caracteriza-se por ser uma ocupação individual e cotidiana, ou seja, aqueles que não têm onde morar, procuram um lugar para instalar-se com sua família. Procuram um lugar, conversam com os moradores já existentes e ao encontrar um pedaço de chão, constroem seu barraco, ou então compram um barraco já pronto. A construção é feita individualmente, ou com a família, ou ainda com a ajuda de amigos.

As ocupações ocorrem em bloco, ou seja, um certo número de famílias procura juntamente uma área para instalar-se. Esta ocupação da área ocorre no mesmo dia para todo um grupo. As ocupações caracterizam-se por uma mobilização anterior. As construções, embora de responsabilidade de cada família ocupante, são realizadas em verdadeiros "mutirões", em que as famílias que não contam com homens, são auxiliadas por outras.

As famílias que não podem pagar aluguel ou comprar uma casa/terreno, unem-se na busca de uma solução. Em geral, são

É preciso ter um teto

Dia de ocupar e construir rapidamente

24 horas após ocupar a terra vazia

A terra vazia já está ocupada

moradores de bairros vizinhos que se aproximam para encontrar uma solução para a falta de onde morar. Procuram o poder público e muitas vezes a ante-sala da repartição é o local onde se conhecem e onde começam uma organização. Pesquisam onde há áreas vazias e muitas data de ocupação conjunta e buscam a melhor maneira de tentar resolver sua difícil situação de moradia.

Muitas vezes, antes de entrar nas áreas escolhidas, definem no papel a dimensão dos lotes, onde será a rua, etc. Esta forma de ocupação é diferente da ocupação cotidiana das favelas, porque delimita uma forma de ocupação da terra com a definição de lotes.

Em qualquer grande cidade são visíveis os imensos vazios urbanos. São nestes vazios que as ocupações terão lugar. Produzem uma cidade, inclusive obedecendo até o que se chama de padrões urbanísticos: largura de ruas (entre seis e oito metros), lotes (de 70 a 120 metros quadrados) e muita solidariedade. Solidariedade na procura de uma solução de moradia, solidariedade na construção, que poderia ser chamada de mutirão – processo de trabalho calcado na cooperação entre pessoas, na troca de favores, em compromissos familiares, diferenciando-se, portanto, das relações capitalistas de compra e venda da força de trabalho. Solidariedade e criatividade. Tudo serve para construir o barraco: chapas de madeira, restos de madeira, portas, sacos plásticos e muito trabalho. Quanto mais rápido ficar pronta a casa, mais rápido se terá um abrigo e mais difícil será expulsar o ocupante.

Algumas vezes estas ocupações têm sido violentamente reprimidas. Freqüentemente se efetuam as desocupações. Nesses casos, dizem os desalojados, "é começar outra vez", porque outro lugar para "ir não tem não". Nas desocupações está presente um forte aparato policial e é comum a violência para "limpar a área" e reintegrar a propriedade. É interessante notar que o processo chama-se "reintegração de posse", quando o que acontece é "reintegração de propriedade", porque, na verdade, detém a posse quem a está ocupando. Mas se "reintegra" o símbolo dessa posse que é a propriedade.

Na defesa da propriedade privada sem uso, num destes processos violentos de desocupação, Adão Manoel da Silva, um cidadão sem terra que buscava dar um uso para uma terra ociosa e uma casa para morar, foi assassinado pela Guarda Municipal de São Paulo, sendo prefeito o Sr. Jânio da Silva Quadros e comandante da Guarda Metropolitana o Coronel José Ávila da Rocha. Até a data em que este texto estava sendo escrito não se tinha notícia da *punição* de quem puxou o gatilho. A verdade é que o gatilho foi acionado na defesa da propriedade privada sem uso, contra os que buscam, através de muito sacrifício, resolver seu problema de sobrevivência.

As primeiras ocupações não se concretizaram pois os ocupantes foram rapidamente expulsos. As autoridades argumentavam que se esta ação não fosse reprimida, serviria de exemplo para que proliferassem as "invasões".

No entanto o "sucesso" das primeiras retiradas dos sem-terra — algumas com violência e todas com aparato policial — não têm conseguido diminuir o número de ocupações. Só em São Paulo, há cerca de 32.181 famílias ocupando 222 áreas, segundo a Revista Afinal de 21.4.87.

As ocupações demonstram mais uma vez que a busca do *onde* e do *como* morar implica a luta pela sobrevivência, pela cidadania, uma capacidade de resistência, que desmistifica o mito da apatia dos trabalhadores.

Têm também ocorrido ocupações de imóveis em conjuntos habitacionais — prontos ou semiprontos — tanto pelos *inscritos* e que seriam os futuros moradores, como por aqueles que nem sequer conseguiram se inscrever. Ocorre também em imóveis desapropriados pelos poderes públicos para execução de obras ou mesmo para demolição. No caso dos conjuntos habitacionais ocupados, em geral, termina com a permanência dos ocupantes e a compra do imóvel. No caso dos edifícios em vias de demolição, a tendência é de transitoriedade, porque quando a demolição se efetiva eles são desalojados.

A causa das ocupações tem sido, como nas favelas, a impossibilidade de pagar o preço da casa/terra pelos baixos salários.

CORTIÇOS

As habitações coletivas, em imóveis com pouca ou nenhuma conservação, de idade média de construção elevada, que proliferam nas áreas centrais, são definidas como cortiços. Os cortiços correspondem a uma das mais antigas formas de habitação das classes populares. Ainda hoje, representam uma alternativa para parcelas elevadas dos moradores das grandes cidades.

Nos cortiços, viver significa morarem várias pessoas em cubículos (cômodos minúsculos), que têm várias funções: dormitório, cozinha, refeitório, etc. Os banheiros, chuveiros, tanques e pias são coletivos. O congestionamento das unidades e dos cômodos é a constante. As filas para o banho, banheiro e limpeza, tudo tem que passar por essa "co-habitação" forçada. A co-habitação involuntária é entendida como o uso da mesma habitação por mais de uma família.

Os cortiços estão, em geral, mais concentrados nas áreas centrais das cidades, consideradas "deterioradas", onde há elevados índices de ocupação do solo, mas também se estendem para os bairros ditos periféricos, principalmente os de ocupação mais antiga, que têm características semelhantes aos das áreas centrais. Mas há, também, uma ocupação de cortiços nas áreas de ocupação mais recente. Nestes casos, as unidades já foram construídas para servir de abrigo para várias famílias, com unidades geminadas, num lado do lote, e cada uma com entrada para sua *casa* independente – em geral uma cozinha, um quarto e um banheiro. Este tipo de unidade é mais conhecido como de casas coletivas, dadas as próprias características: são várias casas num mesmo lote.

As chamadas casas coletivas aparecem disseminadas pelas cidades, e indicam o processo de expansão das cidades e não mudança de uso ou "deterioração" do centro. Em geral, são construídas pelo proprietário no processo de autoconstrução e constituem-se numa forma dos pequenos proprietários de lotes auferirem uma "renda" após a construção das unidades. Muitas vezes, o proprietário mora no fundo do mesmo lote ou então num lote vizinho, em construções maiores, mas da mesma "qualidade". Também se consideram casas coletivas, quando a construção inicial das autoconstruções (no fundo do lote), é alugada.

O processo de expansão das cidades leva gradativamente à incorporação de novas áreas, à criação de novos centros, ao aparecimento das zonas ditas deterioradas e à modificação de uso dos imóveis. Assim, os cortiços situados nessas áreas estão instalados em imóveis que não foram construídos para abrigar esta parcela da população. Na verdade, a maioria são antigos casarões unifamiliares, em que a própria lógica da ocupação e de mudança da cidade e na cidade é alterada.

Via de regra, os cortiços se localizam em áreas onde o preço do terreno é elevado – uma construção barata sobre um terreno caro –, dada a existência de infra-estrutura e de meios de consumo coletivos. É muito comum afirmar-se que o preço dos imóveis nestas áreas é apenas o "valor" do terreno e logo após uma transação imobiliária, verificar-se a derrubada do imóvel *velho* e a construção de um novo imóvel – o que demonstra que o que foi pago foi o terreno e não a edificação. Enquanto isto não ocorre, são utilizados como cortiços, aguardando o momento propício para sua incorporação às novas funções de centro.

Este processo de espera de uma valorização futura, tende a condenar estes bairros a uma deterioração que pode ser superável pela intervenção "renovadora" do Estado, como tem acontecido com os Projetos CURA – Comunidade Urbana de Recuperação Acelerada – financiados pelo Banco Nacional de Habitação. A renovação urbana realizada pelos projetos CURA, permitindo a "revalorização" das edificações em terreno caro, tem sido uma forma não explicitada de remoção da mudar as funções do centro, expulsa-se os moradores, pela elevação do preço dos aluguéis, tornando-os extremamente proibitivos.

Predominante no início do século

Os cortiços foram a forma predominante de habitação no início do século XX. Nesse período vigorava o padrão "adensado" de cidade, decorrente, entre outros fatores, do tipo de transporte existente. Predominava, então, o bonde de tração animal, que não se prestava a grandes percursos. Somava-se a isto, o pequeno número de vias de circulação. O bonde elétrico, quando surgiu, tinha preços diferenciados de acordo com o trajeto – desestimulando percursos de longa distância.

As cidades caracterizavam-se por não serem extremamente segregadas. Os bairros residenciais eram um misto de cortiços e de moradia das parcelas mais "abastadas". As fábricas eram vizinhas às moradias. A relação de proximidade entre emprego e moradia era fundamental.

O combate a estas "moradias infectadas" era já mencionado na legislação do século XIX e dizia respeito, principalmente, às características das edificações. A cidade mais adensada do início do século, caracterizava-se também por um menor índice de segregação das classes sociais. Ou seja, eram vizinhos os "encortiçados" e os barões do café ou os industriais. E a preocupação com o saneamento marcava sempre as cidades. A vizinhança pobre, que morava em local infectado, favorecia a proliferação de epidemias e endemias, que pela proximidade podia ser transmissível aos moradores de outra classe social. A mortandade elevada com a gripe espanhola, que conduziu ao medo de novas epidemias de *contaminação moral*, incentivou a produção de casas "higiênicas" – as Vilas Operárias. Vilas operárias, tanto construídas pelas empresas para alugar a seus operários, como as construídas para serem alugadas aos operários qualificados de várias indústrias.

Embora as tentativas sejam antigas, nada faz supor que a curto prazo desapareçam os cortiços e as casas coletivas. O encortiçamento, a deterioração dos imóveis e portanto das condições de habitabilidade significam um pagamento de aluguel mais barato. Paga-se menos porque se vive mal, embora a falta de moradias também interfira no cálculo do aluguel. Negócio lucrativo para quem aluga os imóveis para estas famílias. Em geral, os moradores sequer sabem quem é o proprietário jurídico dos cômodos. Pagam para um intermediário.

CASA PRÓPRIA

No início do século, predominavam os moradores de imóveis alugados, pelo menos em São Paulo e Rio de Janeiro. Esta situação foi se alterando com uma diminuição dos inquilinos e aumento dos moradores em casa própria, como pode ser visto na tabela seguinte.

Tabela 2   Condições de ocupação dos imóveis - RJ/SP (%)

	Rio de Janeiro		São Paulo	
Ano	Próprios	Alugados	Próprios	Alugados
1940	37,0	63,0	32,0	68,0
1950	40,0	60,0	42,0	58,0
1960	45,0	55,0	47,5	52,5
1970	62,0	38,0	62,0	38,0

FONTE: Censos do IBGE in Debatendo a questão urbana – FASE – 1986.

Esta mudança vincula-se ao processo de urbanização já referido anteriormente: a expansão horizontal da cidade, baseada no loteamento de periferia e na autoconstrução, investimentos em vias de transporte, grandes vazios urbanos e a expansão do perímetro urbano, incentivo à indústria de construção no pós-64, com o Sistema Financeiro de Habitação que favoreceu a instalação de um poderoso setor de produção de moradias para um mercado de baixos salários.

Para as camadas populares, uma questão fundamental é a segurança de um teto, porque mesmo se eventualmente ficarem desempregados estarão seguros pelo fato de terem onde morar. Mesmo quando se consideram os arremedos de cidades onde moram, e são proprietários a terra/casa é uma garantia de ter seu lugar na cidade, nos períodos mais difíceis.

É evidente e conhecida toda uma elaboração sobre ser proprietário da casa onde se mora: a casa própria. Essa elaboração fica, sem dúvida, mais estimulada com a criação do Sistema Financeiro de Habitação em 1964. Na justificativa de criação do SFH, o então Ministro Roberto Campos diz que "a solução do problema da casa própria tem esta particular atração de criar estímulo à poupança que, de outra forma não existiria e *contribui muito mais para a estabilidade social* do que o imóvel de aluguel. O proprietário da casa própria pensa duas vezes antes de se meter em arruaças ou depredar propriedades alheias e torna-se um aliado da ordem". Assim, a casa própria passa a ser uma das metas de garantia de estabilidade do sistema e deve-se incentivar "o acesso de todos à casa própria".

Os aspectos apontados acima levam então, paulatinamente, ao quadro atual (1985) sobre propriedade dos domicílios nas metrópoles brasileiras onde, comparativamente com as outras metrópoles, São Paulo e Rio de Janeiro, têm maior porcentagem de inquilinos, com índices de preços diferentes da terra urbana e da casa.

Tabela 3   Propriedade dos Domicílios (%)

	Próprio	Alugado	Cedido	S/declaração
Belém	65,1	28,2	6,3	0,4
Fortaleza	62,3	29,4	8,2	0,1
Recife	65,0	26,1	8,8	0,1
Salvador	70,3	25,2	4,3	0,2
Belo Horizonte	62,9	28,0	9,1	–
Rio de Janeiro	59,8	30,4	9,8	–
São Paulo	55,4	34,9	9,7	–
Curitiba	66,3	24,3	9,4	–
Porto Alegre	68,3	23,2	8,5	–
Brasil urbano	62,6	28,2	9,2	–

FONTE: PNAD – 1985

É bom destacar que o PNAD não define a qualidade do imóvel, ou seja, um barraco num fundo de lote, quando ocupado por seu proprietário é considerado casa própria. Não define também a propriedade da terra. Assim, os barracos de favelas, que como já visto, são construídos ou mesmo comprados, são considerados como moradia própria.

Os imóveis que ainda não foram totalmente pagos também entram na categoria de imóveis próprios, tanto os adquiridos individualmente como os adquiridos pelo Sistema Financeiro de Habitação.

Há uma grande diversidade de "proprietários" de casas: os que têm um único imóvel e nele moram, seja uma mansão ou um barraco. Estes imóveis podem estar pagos parcial ou totalmente.

Há os que têm um único imóvel, moram numa parte e alugam uma outra parte – muito comum nas áreas onde, predomina a autoconstrução, onde o fundo da casa é alugado; há os que têm dois imóveis – moram em um e alugam o outro; e ainda os que têm vários imóveis alugados. Esta diversidade também se refere ao valor do imóvel e as rendas obtidas. Para alguns representa uma sobrevivência precária, uma complementação de salário, para outros representa uma fonte de altos rendimentos.

Como já foi dito anteriormente, o proprietário de uma casa, aquela onde mora, a vê como um valor de uso, como uma garantia de teto e não como garantia de lucro. Evidentemente uma casa tem também um valor de troca, mas sua importância para o dono da "casa própria" é o valor de uso. Já para os que têm muitos imóveis alugados interessa fundamentalmente a renda que obtêm no aluguel, ou seja o valor de troca.

ALUGUEL

A carência ou falta de moradias permite extrair aluguéis elevados das mesmas.

Em geral, considera-se que o aluguel é calculado entre 0,5% a 1,0% do preço do imóvel. O cálculo é feito não sobre o custo, mas sobre o preço, sobre o "valor" de um bem que se "valoriza" pelo trabalho social na produção da cidade.

Este cálculo é feito levando-se em conta uma remuneração deste equivalente de capital, que é o imóvel (terra e as edificações). Supondo-se que o "valor" de mercado do imóvel seja de um bilhão de cruzados e o capital empregado tenha sido de 500 milhões de cruzados (incluídos terreno, incorporação, construção, juros, corretagens, taxas, etc.) o cálculo do aluguel (de 0,5 ou de 1%) será na proporção de um bilhão e não de 500 milhões de cruzados . Assim se tem uma "remuneração" do capital já "valorizado", capital este que sempre aumenta de valor. Se, num outro tipo de aplicação do capital dinheiro, os juros obtidos fossem de 1%, o dinheiro aplicado não seria automaticamente revalorizado e perderia o valor real, num processo inflacionário ao longo do tempo.

Construir para alugar é tido como um investimento seguro, já que o ciclo do capital rentista se estende durante toda a vida útil do imóvel, que pode prolongar-se indefinidamente com reparações. Isto demonstra que vai muito além do capital – dinheiro empregado, e por isso é considerada uma das formas fortes e seguras para a aplicação do capital – dinheiro. O preço dos imóveis antigos é regulado pelo dos novos.

A regulação do preço dos aluguéis antigos pelo preço dos imóveis novos foi visível durante o período de congelamento do plano cruzado em 1986. As mercadorias seriam comercializadas pelo preço vigente em fevereiro de 1986; as mercadorias novas teriam que ter preços definidos a partir de seu ingresso no mercado. No caso de compra, venda e aluguel de imóveis, considerou-se como *novo* não a produção, mas os contratos. Como considerar novo um terreno, cujo loteamento foi realizado muitos anos/meses antes? Novo é o contrato de compra e venda não o imóvel. Como considerar novo um terreno que tem alguns bilhões de anos? Novo é o símbolo da propriedade, porque, como vimos, esta mercadoria não circula e em seu lugar circula o título de propriedade, o seu símbolo. Como considerar novo um imóvel – casa/apartamento que já teve uso? Novo é o contrato de aluguel.

Em geral, o preço de comercialização é vinculado ao preço dos imóveis novos colocados no mercado. Ou seja, o preço dos imóveis novos regula o preço dos antigos, principalmente quando os antigos sofrem reformas que os colocam com as características de novos no mercado. Assim, o preço das edificações dos imóveis antigos chega a ser progressivamente independente das suas condições originais de produção. O preço não estará mais sequer relacionado ao valor ou preço da produção da casa, mas resulta do direito do equivalente de capital.

No período 1986/1987, assiste-se um "boom" da "especulação" imobiliária. Nada faz supor que tenha aumentado do dia para a noite a procura de imóveis; nada faz supor que um imóvel concluído em fevereiro e outro em março – com os preços congelados – tenham tido um aumento do custo de produção. O que acontece é que esta "valorização" depende da produção social e está relacionada ao lucro médio do capital em geral. E também que esta "valorização" se estende durante toda a vida física do imóvel. A terra nunca se acaba e as construções prolongam-se por muitos anos, o que demonstra, mais uma vez, que este valor extrapola, e de muito, o dinheiro empregado.

Na vigência de leis de inquilinato que disciplinam o valor dos aluguéis, os proprietários de imóveis alugados também podem não ter "retorno da valorização" no aluguel. A situação é complexa, porque há aqueles que têm no aluguel de uma casa sua forma de "poupança" para sobreviver, como se fosse uma aposentadoria. Para estes a "escalada" da inflação não é acompanhada pelo aumento do valor do aluguel.

Assim é necessário, ao se falar da propriedade de uma ou de várias casas e do aluguel recebido de uma ou de várias casas, ter a clareza de distinguir a classe social a que pertencem, o "lugar" que as casas "ocupam" na cidade e a produção social desta mesma cidade, ou melhor, o "lugar" dos proprietários na cidade (classe social), já que dois imóveis poderão ter preços muitas vezes diferentes.

5
ATUAÇÃO DO ESTADO

A Pesquisa Nacional por Amostragem de Domicílios (PNAD), realizada pelo IBGE em 1985, demonstrava que 26,6% dos trabalhadores, ou seja mais de 16 milhões de brasileiros – dos quais 10 milhões no meio urbano – recebiam até um salário mínimo. Na faixa até dois salários insere-se quase 50% da população economicamente ativa. A Tabela 4 é um excelente demonstrativo da situação salarial dos trabalhadores.

Tabela 4 – Pessoas economicamente ativas e valor do rendimento mensal

Classes de renda (salário)	População urbana (nºs absolutos)	População urbana porcentagem	Porcentagem acumulada
Até meio	3.879.809	9,8	9,8
De meio a um	6.197.893	15,6	25,4
De 1 a 2	9.672.514	24,3	49,7
De 2 a 3	5.007.176	12,6	62,3
De 3 a 5	5.423.183	13,7	76,0
De 5 a 10	4.137.410	10,4	86,4
De 10 a 20	1.859.950	4,7	91,1
Mais de 20	877.423	2,2	93,3
S/rendimento	2.456.827	6,2	99,5
S/declaração	180.442	0,5	100,0
Total	39.692.627	100,0	–

FONTE: IBGE - PNAD - 1985

Quando o salário mínimo oficial, em fevereiro de 1986, era de Cz$ 964,80, o DIEESE (Departamento Intersindical de Estatísticas e Estudos Sócio-Econômicos), estimava que o valor do salário mínimo necessário à sobrevivência do trabalhador e sua família deveria ser de Cz$ 5.563,47, o que equivalia a cinco salários mínimos. Nesse sentido, somente 13% da população economicamente ativa estaria numa faixa de sobrevivência mínima, na qual estaria incluída a despesa *diária* com a habitação. Ao final do plano cruzado – fevereiro de 1987 – a discussão era que o País não poderia pagar um reajuste do salário mínimo que excedesse Cz$ 1.300,00 enquanto se pretendia Cz$ 1.600,00.

Esta discussão envolve alguns aspectos importantes. Será que também não fazem parte do País, os 26,6% que ganham até um salário mínimo? O que se quer dizer na verdade é que os ganhos das empresas diminuiriam, se aumentasse o valor dos salários. Fica evidente, também, que não há uma harmonia entre as diferentes facções de capitalistas, porque para comprar/alugar uma casa seria necessário que os trabalhadores tivessem salários mais decentes, que possibilitassem um maior poder de compra, um aumento do mercado interno. No entanto, não se pretende pagar melhores salários e assim a crise de habitação permanece e recrudesce.

Utilizando-se de uma ponderação do Índice do Custo de Vida da família assalariada, verificou-se que as famílias do extrato inferior gastavam 48,1% do seu salário na alimentação, 20% na habitação, o que significaria, na época, Cz$ 192,96. Em que lugar e como se habita por este valor de aluguel mensal, ou de prestação de terreno/casa?

Estes números são bastante expressivos para reinterpretar a famosa "crise da habitação". Servem também para mostrar um dos aspectos da atuação do Estado na questão da habitação: definir o valor do salário mínimo pelas necessidades da acumulação e não da reprodução da força de trabalho. Por maior que sejam as medidas e projetos realizados, a carência de moradias permanecerá uma constante.

Temos visto no Brasil mudanças significativas no processo de urbanização e uma crescente intervenção do Estado nas questões urbanas, que se caracterizam por um conjunto complexo de programas e de ações, desde a definição do valor salário, à produção direta de habitações.

VILAS OPERÁRIAS

Desde o século XIX, com a Lei das Terras (1850), em que, como já foi dito, definia-se que classe social tinha acesso à propriedade da terra; e com o Código Civil de 1916 onde ficava mais explicitada a definição da propriedade da terra — a legislação que tem regulamentado o uso da terra urbana, e das habitações, tem se preocupado com as moradias dos operários. Isto ocorreu tanto nos regimes populistas que tentavam atender às necessidades das "massas", como nos ditatoriais que buscavam sua legitimação.

No final do século XIX e início do século XX, as cidades apresentavam um padrão concentrado, com a maioria dos trabalhadores morando em cortiços. Tentava-se impedir a expansão deste tipo de moradia com incentivos à produção de casas higiênicas e impondo limites à construção dos cortiços. Considerando que poderiam propiciar a contaminação e a disseminação de epidemias — doenças físicas e morais — dizia-se que eram lugares que propiciavam a deformação do caráter do trabalhador e que proprietários gananciosos exploravam as misérias do povo.

Os cortiços significavam, como hoje, uma alternativa de moradia para a população trabalhadora. Com o avanço do processo de industrialização/urbanização, tornava-se necessário atrair a mão-de-obra com empregos e moradias, para o crescente setor industrial. Desde 1853, o governo imperial vinha tentando estimular a construção de habitações higiênicas. No entanto, só na última década do século XIX e início do XX, constroem-se as Vilas Operárias que contavam com incentivos para a compra da terra e o não pagamento de impostos por 15 anos.

As Vilas Operárias podem ser caracterizadas, a grosso modo, em dois tipos: primeiro, construído pelos industriais, com o objetivo de alugar as casas para seus operários. A maior parte destas vilas foram construídas pelas Companhias de Estradas de Ferro e indústrias extrativas e localizavam-se nos principais centros manufatureiros como São Paulo, Rio de Janeiro, Minas Gerais e Bahia. Implicavam uma tentativa de suprir a falta de moradias e de atrair mão-de-obra, principalmente em áreas mais distantes dos "centros" das cidades. Implicavam também uma forma de *controle* de mão-de-obra, pois o operário ao ficar desempregado perdia o trabalho e a casa. O aumento do salário implicava também aumento do aluguel. Ao que tudo indica, a produção de casas para operários não foi muito grande, pois em 1919, das 227 indústrias do Estado de São Paulo, apenas 37 tinham Vilas Operárias, que não eram suficientes para alojar todos os operários das fábricas.

O outro tipo de Vilas Operárias, eram os conjuntos de casas construídos por empresas, companhias de construção, que as alugavam aos trabalhadores, geralmente, os mais qualificados. Além da formação de companhias, houve também muitas construções realizadas por um único empreendedor — casas geminadas ou vilas, buscando uma forma de renda através do aluguel. As Vilas, porém, não chegaram a ameaçar o negócio altamente rentável dos cortiços, que continuavam a ser muito utilizados pela falta de outra alternativa de moradia, em que pese toda a tentativa da legislação de impedir esta forma de morar.

CARTEIRAS PREDIAIS DOS IAPs

Na década de 30, o Estado assumiu a responsabilidade da produção e da oferta de casas populares, com a criação das Carteiras Prediais dos Institutos de Aposentadoria e Pensões (IAPs).

Até este período a intervenção era indireta, com medidas de incentivo à produção de casas higiênicas e de restrição aos cortiços. Os Institutos de Aposentadoria e Pensões, organizados por categorias, construíam conjuntos e financiavam moradias isoladas aos seus associados. De 1937 a 1964 foram construídos 279 conjuntos, num total de 47.789 moradias e financiadas 72.236 habitações. Embora os números sejam modestos, demonstram uma nova forma de ação do Estado, ou seja, como o Estado interfere diretamente na produção de habitação.

O agravamento progressivo das condições habitacionais dos centros urbanos fez com que os trabalhadores se dirigissem ao Estado para que este atendesse suas reivindicações. Os Institutos de Previdências, identificados como vias institucionais responsáveis pelo atendimento das necessidades dos trabalhadores na questão do consumo, assumiram esta atribuição, num governo que buscava uma legitimidade.

A partir da década de 50, seguiu-se um declínio das construções, relacionadas à viabilidade econômica financeira: a inflação tornava irrisórias as prestações – fixas – pagas nos planos de financiamento e não possibilitava novos investimentos; o congelamento dos aluguéis – lei do inquilinato – em face da inflação, tornou deficitários os conjuntos, além da crise da previdência, com o esvaziamento progressivo das reservas do sistema previdenciário. Posteriormente, as unidades de aluguel foram vendidas aos associados, também em prestações fixas.

Estamos nos detendo especificamente em programas que situam-se basicamente em todo o território nacional. Programas estaduais e municipais não são referidos neste trabalho.

Em 1946, no dia primeiro de maio, é criada a Fundação da Casa Popular, primeiro órgão de âmbito nacional, já que os IAPs atendiam apenas a seus associados. A escolha do dia do trabalho – primeiro de maio – para enfrentar os problemas de habitação das faixas de trabalhadores que recebem baixos salários, é considerada reveladora do alcance político que se pretendia com tal iniciativa.

De 1946 a 1964, ano em que a Fundação da Casa Popular foi extinta, foram construídas 19 mil unidades, pouco mais de novecentas unidades por ano, concentradas principalmente na região sudeste. Resultados tão modestos demonstram que a Fundação da Casa Popular limitou-se a construir onde os recursos permitiam e os interesses determinavam.

O BNH

Em agosto de 1964, com a Lei 4.380 é instituído o Banco Nacional de Habitação e o Sistema Federal de Habitação, com os objetivos de coordenar a política habitacional dos órgãos públicos e orientar a iniciativa privada, estimulando a construção de moradias populares; financiar a aquisição da casa própria, melhoria do padrão habitacional e do ambiente; eliminar as favelas; aumentar o investimento da indústria de construção e estimular a poupança privada e o investimento.

A política habitacional emerge com o propósito de diminuir o deficit habitacional e gerar novos empregos com o aumento das construções. Como a indústria de construção civil utiliza mão-de-obra em larga escala, incentivar a indústria de construção é também tentar atenuar a crise econômica. Ao mesmo tempo difunde mais a ideologia da "casa própria", contribui para a "estabilidade social" e torna os proprietários "aliados da ordem", como disse o então Ministro Roberto Campos.

A política habitacional assume um modelo empresarial, num momento em que é crucial para o novo regime dar provas de que é capaz de atacar problemas sociais, resolvendo a questão da moradia. É preciso ocupar os vazios deixados com o fechamento político. "As massas estão órfãs", diz Sandra Cavalcanti na exposição de motivos de criação do BNH.

A escolha da habitação como eixo da política urbana, deveu-se à tentativa de diminuir as tensões nas áreas urbanas. Atende-se a uma necessidade e a uma reivindicação (estabilidade social); acentua-se a filosofia da casa própria (aliados da ordem) e aumenta-se o índice de empregos; e propicia-se o crescimento econômico geral, considerando-se que para a indústria de construção são necessários um grande número de insumos industriais que possibilitariam uma arrancada de crescimento de um "Brasil Grande", como dizia o jargão do período. Para construí-lo, seriam necessárias toneladas de cimento, de ferro, aumento de energia, de águas, etc.

O Banco Nacional de Habitação inicia suas operações em 1964, com o capital inicial de um milhão de cruzeiros (que correspondia a 910 mil dólares) e receita proveniente de 1% da folha de pagamentos dos salários de todos os empregados registrados. Esses recursos são considerados escassos para a dimensão da falta de moradias. Com estes recursos se teria um atendimento semelhante à Fundação da Casa Popular.

Com a criação do Fundo de Garantia por Tempo de Serviço – FGTS – (Lei 5107 de 14.9.66) e a designação do BNH como gestor financeiro do Fundo, a questão dos recursos escassos se resolve. A outra fonte de recursos para o BNH é proveniente das Cadernetas de Poupança.

O Banco Nacional de Habitação passa a ser o grande mecanismo de financiamento da produção da habitação. O capital financeiro em grande medida será representado na produção da cidade e da casa pelo BNH.

Conjuntos habitacionais: insuficientes.

"Quanto ao financiamento, há um agente específico para cada um dos segmentos do mercado definido pelo BNH. Para o mercado popular, que inicialmente pretendia atingir as famílias com renda mensal de um a três salários mínimos, limite posteriormente ampliado para cinco, os agentes são as Companhias Habitacionais (COHABs) que podem ser estaduais ou municipais. Os do chamado mercado econômico, encarregados a princípio, da construção de moradias para mutuários com renda familiar entre três e seis salários mínimos, limite mais tarde estendido, têm nas Cooperativas Habitacionais – INOCOOPs –, formadas basicamente de categorias profissionais, os interlocutores principais junto ao BNH. Essas associações não possuem fins lucrativos e formam uma espécie de condomínio, dissolvendo-se normalmente após a concretização das obras. O mercado médio compõe-se de famílias de renda mensal mínima de seis salários. É nele que atuam principalmente os agentes privados, Sociedades de Crédito Imobiliário (SCIs), Associações de Poupança e Empréstimo (APEs) além das Caixas Econômicas. Essas instituições voltadas para a classe média formam o Sistema Brasileiro de Poupança e Empréstimo (SBPE)" (Habitação e Poder – Sérgio de Azevedo e Luiz Aureliano de Andrade).

Na faixa de interesse social – COHABs e INOCOOPs – os programas têm se desdobrado: construção de conjuntos habitacionais (casas térreas, sobrados e apartamentos), financiamento de material de construção para edificação ou reforma (FICAM); urbanização e financiamento de lotes em áreas loteadas e servidas por infra-estrutura básica – (PROFILURB) e o financiamento do Programa de Erradicação de Favelas – (PROMORAR).

De 1964 a 1984, segundo o relatório do BNH, foram financiadas 4 milhões e 369 mil unidades, sendo 2 milhões e 557 mil na faixa de interesse social, o que representa 58,5% do total de unidades financiadas. Na faixa do SBPE, foram financiadas um milhão e 812 mil unidades. Predomina, em termos de unidades, um maior número para a faixa de interesse social. No entanto, quando se considera os valores de financiamentos, verifica-se que a maior porcentagem de recursos foi canalizada para a faixa do SBPE. Até 1975, o limite de financiamento para a faixa de interesse social era, teoricamente, de 320 UPCs (UPC – Unidade Padrão de Capital; cada UPC equivalia a uma ORTN – hoje OTN). Hoje este limite encontra-se na faixa de duas mil UPCs. O limite de financiamento na faixa do SBPE era, até 1975, de 3.500 UPCs, hoje é de cinco mil OTNs.

Estes programas habitacionais representam 69% dos recursos. Nos programas de Desenvolvimento Urbano foram aplicados 31% dos recursos financeiros do Banco Nacional de Habitação.

A prioridade da política habitacional se desloca com o correr do tempo: nos primeiros anos, os investimentos privilegiam as classes populares, sem dúvida na tentativa de legitimar o novo regime. No período de 1970 a 1975 o segmento popular passa para segundo plano, voltando a se tornar prioritário a partir de 1975. Estudos recentes destacam que apenas 18% do FGTS, foram destinados à habitação de interesse social.

No final da década de 70, mas principalmente na de 80, os recursos tornam-se mais escassos, relacionados à crise econômica (desemprego): diminui o recolhimento do FGTS e os depósitos em poupança, e aumenta a retirada do FGTS à medida que aumenta o desemprego. Por outro lado, aumenta o número de inadimplentes, relacionado ao aumento do desemprego e também ao aumento do valor das prestações mensais.

Discute-se a crise ou a falência do BNH, quando em 1986 este é extinto e suas atribuições e recursos passam para a Caixa Econômica Federal, que "herdou" uma inadimplência de Cz$ 4,5 bilhões, das sociedades de créditos imobiliários (cadernetas de poupança), cooperativas habitacionais, bancos comerciais e associações de poupança e empréstimo. O maior devedor inadimplente é a Eletrobrás, com uma dívida vencida de Cz$ 412,4 milhões. O financiamento foi utilizado para as obras de infra-estrutura das usinas hidrelétricas de Itaipu, Tucuruí, São Simão, Itambiara e outras. Ou seja, o maior montante da inadimplência está relacionado aos planos de desenvolvimento urbano e não diretamente à produção de habitação. Estes dados constam de um relatório do BNH (F.S.P. 27.11.86). Assim o BNH deixa, após 22 anos, um grande deficit habitacional e uma carência de recursos para poder produzir novas unidades.

Para não ficar sem teto, os mutuários lutam contra aumentos abusivos das prestações

6
CONSIDERAÇÕES FINAIS

　　Muito embora a crise do sistema financeiro seja sempre considerada como uma crônica falta de recursos, o Ministro do Desenvolvimento Urbano, Deni Schwartz, afirmou em 17.6.87, num encontro com Secretários de Habitação de vários Estados, que o problema habitacional do Brasil, não está na falta de recursos, mas no gerenciamento desses recursos. E que a política habitacional deveria privilegiar a construção de unidades mais baratas que estivessem mais em acordo com os recursos brasileiros. Isto significa que é preciso estabelecer uma política habitacional que atenda aos objetivos definidos, quando da criação do BNH. Para enfrentar o deficit habitacional, estimado pelo Ministro em 4,9 milhões de unidades (outros organismos estimam em 10 milhões), o governo pretende construir apenas 2,5 milhões de novas moradias. E assim a crise de moradias permanecerá.

　　O Estado, através do Sistema Financeiro de Habitação – SFH – normatiza e financia, mas a produção de unidades fica a cargo da iniciativa privada, independentemente do segmento do mercado. Não que a produção não possa ser realizada. No entanto, por um preceito constitucional (Constituição de 1969), a produção de habitação como atividade econômica é competência da iniciativa privada, cabendo ao Estado atuar de forma complementar. Este preceito estabelece a primazia da empresa capitalista, atribuindo ao Estado um papel imobilista restringindo-lhe o campo de atuação para a promoção de habitação das faixas salariais mais baixas.

　　Como já visto várias vezes, o preço final de comercialização de imóveis é bastante elevado. Os salários não são suficientes para a compra, em curto espaço de tempo. Assim, os financiamentos para a chamada faixa de interesse social têm um prazo de pagamento entre 20 a 25 anos. Isto significa que a maioria dos que obtiveram financiamento para a compra da casa ainda não terminaram de pagar, não sendo proprietários, mas mutuários do SFH. Dada a depreciação do valor real dos salários, do aumento das prestações que não acompanham os aumentos salariais, os mutuários – principalmente de conjuntos habitacionais das faixas de interesse social – têm-se organizado para lutar por reajustes mais compatíveis com os salários.

De qualquer modo, a atuação do Estado na chamada crise habitacional, restringe-se às conseqüências e não às causas. Tenta-se diminuir o deficit habitacional que é sempre crescente. Aumentam as favelas, os cortiços, as ocupações, as autoconstruções na periferia, e pela carência de moradias os aluguéis tornam-se extremamente elevados. Como disse Engels, a crise habitacional não é um acaso, é uma instituição necessária. Embora não ocorra apenas nos países ditos subdesenvolvidos, nestes é muito mais grave.

No decorrer da segunda metade da década de 70, os movimentos reivindicatórios urbanos ganham visibilidade política. Organizam-se para obter luz, água, esgoto, melhorias nos transportes, posse da terra (favelas e ocupações), reajuste de prestações que sejam compatíveis com os aumentos salariais, regularização dos loteamentos ditos clandestinos, etc.

Estes movimentos lutam pelo direito à moradia, à cidade. Apresentam no Congresso Constituinte suas reivindicações, utilizando-se de um dispositivo do regimento interno que permite a propostas de Iniciativas Populares com mais de trinta mil assinaturas de eleitores serem encaminhadas para discussão. Garante-se, ao menos, a estes eleitores que tenham sua proposta discutida como emenda à Constituição que está sendo elaborada. A proposta de reforma urbana-transcrita no final deste trabalho, diz respeito a uma unificação das reivindicações. O que será efetivamente incorporado, só a promulgação da nova Constituição poderá nos responder, porque em que pese, hoje, a maior parte da população brasileira estar morando nas cidades, morando mal, ou nem sequer morando, os problemas habitacionais são tratados apenas como falta, carência de produção de unidades ou de recursos e a meta é sempre procurar uma cidade *racional*, uma cidade planejada. Na verdade, as questões que provocam esta carência raramente são analisadas.

A reforma urbana é necessária porque mais de 70% da população brasileira mora nas cidades. A maior parte se encontra em favelas, cortiços ou loteamentos clandestinos na periferia desurbanizada. Não consegue participar do mercado imobiliário devido ao seu baixo poder aquisitivo e ao alto preço da moradia, objeto de especulação.

A retenção de terras vazias para aguardar sua valorização é uma das principais causas do não acesso da população à moradia. Perto de 50% das áreas urbanas são mantidas vazias com este objetivo. Essa valorização provém dos investimentos públicos enquanto os ganhos são apropriados privadamente pelos proprietários de terras.

A reforma urbana é necessária, porque apenas uma parte da população tem acesso à infra-estrutura, aos equipamentos e aos serviços públicos urbanos. Embora a cidade seja uma construção coletiva, apenas uns poucos têm lucro com ela. Para os empresários imobiliários e empresários de transporte ela é altamente rentável.

A reforma urbana é necessária porque apenas poucos poderosos decidem sobre o crescimento das cidades, violentando seu meio ambiente. É preciso tornar as cidades mais justas e humanas.

Mais de 150 mil eleitores subscreveram a Emenda sobre Reforma Urbana. Esta emenda foi entregue em 12.8.1987 em Brasília por representantes do Movimento Nacional pela Reforma Urbana de todo o Brasil. Transcrevemos, a seguir, esta proposta para que seja de domínio público e para que se possa confrontar as reivindicações dos movimentos com o que será promulgado na nova Constituição.

As iniciativas populares em Brasília.

*PROPOSTA POPULAR DE EMENDA
AO PROJETO DE CONSTITUIÇÃO*
EMENDA SOBRE: "REFORMA URBANA"
Inclua-se na Constituição Brasileira onde couber:

DOS DIREITOS URBANOS

Art. 1º – Todo cidadão tem direito a condições de vida urbana digna e justiça social, obrigando-se o Estado a assegurar:

I – Acesso à moradia, transporte público, saneamento, energia elétrica, iluminação pública, comunicações, educação, saúde, lazer e segurança, assim como preservação do patrimônio ambiental e cultural.

II – A gestão democrática da cidade.

Art. 2º – O direito a condições de vida urbana digna condiciona o exercício do direito de propriedade ao interesse social no uso dos imóveis urbanos e o subordina ao princípio do estado de necessidade.

DA PROPRIEDADE IMOBILIÁRIA URBANA

Art. 3º – Para assegurar a prevalência dos direitos urbanos, o poder público disporá dos seguintes instrumentos:

I – Imposto progressivo sobre imóveis; II – Imposto sobre a valorização imobiliária; III – Direito de preferência na aquisição de imóveis urbanos; IV – Desapropriação por interesse social ou utilidade pública; V – Discriminação de terras públicas; VI – Tombamento de imóveis; VII – Regime especial de proteção urbanística e preservação ambiental; VIII – Concessão de direito real de uso; IX – Parcelamento e edificação compulsórios.

§ único – O imposto progressivo, o imposto sobre a valorização imobiliária e a edificação compulsória não poderão incidir sobre terreno até 300m^2, destinado à moradia do proprietário.

Art. 4º – O direito de propriedade territorial urbana não pressupõe o direito de construir, que deverá ser autorizado pelo poder público municipal.

Art. 5º - A desapropriação da casa própria somente poderá ser feita em caso de evidente utilidade pública, reconhecida em juízo, e mediante plena, integral e prévia indenização em dinheiro, de cujo depósito dependerá também a imissão provisória na posse do bem.

Art. 6º - O poder público, respeitado o disposto no art. 5º, pode desapropriar imóveis urbanos para fins de interesse social, mediante o pagamento de indenização, em títulos da dívida pública resgatável em 20 anos. Essa indenização será fixada até o montante cadastral do imóvel para fins tributários, descontada a valorização decorrente de investimentos públicos.

§ 1º - A declaração de interesse social para fins da Reforma Urbana opera automaticamente a imissão do poder público na posse do imóvel, permitindo o registro da propriedade.

§ 2º - Por interesse social entende-se a necessidade do imóvel para programas de moradia popular, para a instalação de infra-estrutura, de equipamentos sociais e de transportes coletivos.

Art. 7º - A desapropriação dos imóveis necessários à regularização fundiária de áreas ocupadas por comunidades consolidadas será feita considerando o valor histórico de aquisição do imóvel através de ação judicial, sujeita ao procedimento ordinário, e cuja sentença, depois do trânsito em julgado, valerá como título para fins de registro imobiliário.

§ único - No cálculo da indenização pelo valor histórico não serão considerados os negócios que, envolvendo os imóveis desapropriados sejam realizados subseqüentemente à data das primeiras ocupações da área.

Art. 8º - A valorização de imóveis urbanos que não decorra de investimentos realizados no próprio imóvel mas que seja proveniente de investimentos do poder público ou de terceiros poderá ser apropriada por via tributária ou outros meios.

Art. 9º - Cabe ao poder público municipal exigir que o proprietário do solo urbano ocioso ou subutilizado promova seu adequado aproveitamento sob pena de submeter-se à tributação progressiva em relação ao tempo e à extensão da propriedade, sujeitar-se à desapropriação por interesse social ou ao parcelamento e edificação compulsórios.

Art. 10º - À União, aos Estados e aos Municípios, visando o interesse social, cabem obrigatoriamente adotar as medidas administrativas necessárias à identificação e recuperação de terras públicas e à discriminação das terras devolutas, sendo garantida a participação das representações sindicais e associativas.

Art. 11º - No exercício dos direitos urbanos consagrados no Art. 1º, todo cidadão que, não sendo proprietário urbano, detiver a posse não contestada, por três anos, de terras públicas ou privadas, cuja metragem será definida pelo Poder Municipal até o limite de 300m², utilizando-a para sua moradia e de sua família, adquirir-lhe-á o domínio, independente de justo título e boa fé.

§ 1º - O direito de usucapião urbano não será reconhecido ao mesmo possuidor mais de uma vez.

§ 2º - Os terrenos contínuos ocupados por dois ou mais possuidores são suscetíveis de serem usucapidos coletivamente através de entidade comunitária e obedecerá procedimento sumaríssimo.

§ 3º - Ao ser proposta ação de usucapião urbano, ficarão suspensas e proibidas quaisquer ações reivindicatórias ou possessórias sobre o imóvel usucapido.

DA POLÍTICA HABITACIONAL

Art. 12º - Para assegurar a todos os cidadãos o direito à moradia, fica o poder público obrigado a formular políticas habitacionais que permitam: I - regularização fundiária e urbanização de áreas ocupadas em regime de posse ou em condições de sub-habitação; II - acesso a programas públicos de habitação de aluguel ou a financiamento público para aquisição ou construção de habitação própria; III - regulação do Mercado imobiliário urbano e proteção ao inquilinato, com a fixação de limite máximo para o valor inicial dos aluguéis residenciais; IV - assessoria técnica à construção da casa própria.

Art. 13º - Compete ao poder público garantir a destinação de recursos orçamentários a fundo perdido para a implantação de habitação de interesse social.

§ único - É proibida a aplicação de recursos públicos ou sob administração pública para financiar investimentos privados assim como a intermediação financeira na obtenção e transferência de recursos destinados a programa de habitação de interesse social.

Art. 14º - Lei Federal disporá sobre a criação e a manutenção de agência que coordenará as políticas gerais de habitação.

§ 1º - As políticas e projetos habitacionais serão implementados pelo Município de forma descentralizada, cabendo o controle direto da aplicação dos recursos à população, através de suas entidades representativas.

§ 2º - Nas aplicações para compra ou construção de habitação popular não haverá qualquer incidência de encargos financeiros.

§ 3º - Os contratos de compra, venda, cessão, aluguel de imóveis urbanos terão seu pagamento e forma de reajuste fixados em moeda corrente, sendo vedado o uso de qualquer moeda fiscal ou cambial.

§ 4º - As prestações mensais referentes a empréstimos para a compra ou construção de habitação própria não poderão comprometer mais de 20% dos rendimentos familiares.

Art. 15º - Os índices de reajuste do aluguel residencial e do pagamento das prestações e os débitos de financiamento dos imóveis serão atualizados com periodicidade mínima de 12 (doze) meses, tendo como limite máximo o índice de variação salarial.

DO TRANSPORTE E SERVIÇOS PÚBLICOS

Art. 16º - A prestação dos serviços públicos é monopólio do poder público e será realizado através da administração direta e indireta.

§ único - Lei ordinária regulamentará o disposto neste artigo, ficando desde já vedado todo e qualquer uso de recursos públicos para subsidiar serviços públicos operados pela iniciativa privada.

Art. 17º - As tarifas dos serviços de transportes coletivos urbanos serão fixadas de modo que a despesa dos usuários não ultrapasse 6% do salário mínimo mensal.

§ 1º - Lei ordinária disporá sobre a criação de um fundo de transportes, administrado pelos municípios e Estado para cobertura da diferença entre o custo do transporte e o valor da tarifa paga pelo usuário.

§ 2º - No reajuste de tarifas de serviços públicos será observada a autorização legislativa e garantida a ampla divulgação dos elementos inerentes ao cálculo tarifário.

DA GESTÃO DEMOCRÁTICA DA CIDADE

Art. 18º - Na elaboração e implantação de plano de uso e ocupação do solo e transporte e na gestão dos serviços públicos, o poder municipal deverá garantir a aprovação pelo legislativo e a participação da Comunidade através de suas entidades representativas, utilizando-se de: audiências públicas, conselhos municipais de urbanismo, conselhos comunitários e plebiscito ou referendo popular.

Art. 19º - Fica assegurada a iniciativa popular de leis no âmbito municipal, relativas à vida urbana, mediante proposta articulada e justificada de cidadãos eleitores em número equivalente a 0,5% do colégio eleitoral.

Art. 20º - É assegurado a um conjunto de cidadãos, que represente 5% (cinco por cento) do eleitorado municipal, suspender através do veto popular, a execução de lei urbana promulgada que contrarie os interesses da população.

§ único - A lei, objeto de veto, deverá, automaticamente, ser submetida a referendo popular.

Art. 21º - Fica assegurado o amplo acesso da população às informações sobre planos de uso e ocupação do solo e transporte e na gestão dos serviços públicos.

Art. 22º - Na falta da lei, que trate da questão urbana, para tornar eficaz uma norma constitucional, o Ministério Público ou qualquer interessado pode requerer ao Judiciário que determine a aplicação direta da norma, ou, se for o caso, a sua regulamentação pelo Poder Legislativo.

§ único - A decisão favorável do Judiciário tem força de coisa julgada, a partir de sua publicação.

Art. 23º - O descumprimento dos preceitos estabelecidos neste capítulo sujeitará a administração pública à ação própria, e implicará na responsabilidade penal e civil da autoridade a quem se possa imputar a omissão.

SUGESTÕES BIBLIOGRÁFICAS

No decorrer do texto, procuramos evitar citações. Muitas das idéias contidas, porém, foram retiradas da bibliografia. Esperando não ter deixado de citar as fontes pesquisadas e considerando este livro como um início para se debater a produção e o consumo de moradias, deixamos indicado, para aqueles que desejam aprofundar os aspectos aqui mencionados, os seguintes artigos e livros, facilmente encontráveis:

ABREU, Haroldo e RIBEIRO, Luiz Cesar Q., *Debatendo a Reforma Urbana.* Fase, R.J., 1986.
AZEVEDO, Sérgio de e ANDRADE, Luiz A.g. de, *Habitação e Poder – Da Fundação da Casa Popular ao Banco Nacional da Habitação*, Zahar Editores, 1982.
BALDES, Miguel Lanzelloti, *O Solo Urbano*, Fase, R.J. 1986.
BLAY, Eva Alterman, *Eu Não Tenho Onde Morar*, Nobel, 1985.
———, org. *A Luta Pelo Espaço*, Vozes, R.J. 1978.
BONDUKI, Nobil G., "Origens do Problema da Habitação Popular em São Paulo", in *Revista Espaço e Debates 5*, Cortez, 1982.
ENGELS, F., *A Questão da Moradia"* in *Obras Escolhidas* de Marx e Engels, Edições Sociais, S.P., 1976.
FARAH, Marta Ferreira Santos, "Estado e Habitação Social no Brasil: O caso dos Institutos de Previdência", in *Revista Espaço e Debates, 5* – Cortez, Edit. 1982.
HARVEY, David, *A Justiça Social e a Cidade,* Hucitec, 1980.
LÉFÈBVRE, Henry. *O Pensamento Marxista e a Cidade,* Ulisséia, 1972.
MARICATO, Ermínia, org., *A Produção Capitalista da Casa (e da cidade) no Brasil Industrial*, Alfa Ômega, S.P., 1979.
MARTINS, José de Souza, *O Cativeiro da Terra*, Livraria Ciências Humanas, 1979.
———, *Não há terra para plantar neste verão*, Vozes, 1986.

RIBEIRO, Luiz C. de Queiroz e PECHAMN, Roberto M., *O que é a questão da Moradia*, Nova Cultura/Brasiliense, 1985.

SHMIDT, Benício Viero, *O Estado e a Política Urbana no Brasil*, LPM, 1983.

VALADARES, Lúcia do Prado, org., *Habitação em Questão*, Zahar, R.J., 1983.

————, org., *Repensando a Habitação no Brasil*, Zahar, R.J., 1983.

VALLA, Victor Vicente, org., *Educação e Favela*, Vozes, 1986.

VÁRIOS AUTORES, *A Questão da Habitação em São Paulo e no Brasil*. Boletim Paulista de Geografia 63, AGB, São Paulo.

VÁRIOS AUTORES, *Terra de Habitação x Terra de Espoliação*, Cortez, 1984.

O LEITOR NO CONTEXTO

Sugerimos, a seguir, uma série de atividades de pesquisa que analisam a questão da moradia a partir da própria realidade do leitor e da circunvizinhança:

– Individualmente, ou em grupo, realizar um levantamento na cidade, bairro ou vila, registrando a presença de movimentos, organizações ou entidades ligadas à questão da moradia: sociedades de amigos, movimentos populares de defesa, comunidades eclesiais de base, sindicatos, partidos políticos, etc.

– Procurar conhecê-los, participando de reuniões, onde se verificará como a questão da moradia aparece no cotidiano de luta desses movimentos.

– Levar para dentro desses movimentos as questões candentes, presentes neste livro e nas cidades, como: "O que é a moradia em nossa cidade?" "Como a nossa sociedade constrói a cidade"?; "O que é a especulação imobiliária?"; "Como mora o trabalhador"?; "Qual o papel do Estado em relação à moradia?"; "O que é o FGTS – Fundo de Garantia por Tempo de Serviço – e o que foi o BNH – Banco Nacional da Habitação?"; "O que fazer para ampliar a luta por melhores condições de moradia, para que todos os trabalhadores possam morar mais dignamente?".

– Realizar levantamentos da *situação* da moradia na cidade, bairro ou vila.

– Levantar, rua por rua, os tipos de uso do solo (residências, comércio, indústrias etc.).

– Levantar os tipos de moradias: casas de alvenaria, individuais, próprias ou alugadas, sobrados, apartamentos, cortiços, casas coletivas, favelas, etc.

– Com o auxílio de um mapa, localizar os dados levantados, assinalando-os com cores diferenciadas.

— Conversar com os moradores dos diferentes tipos de moradias encontrados, verificando quem são, porque habitam esse tipo de casa. Convidá-los a discutir os problemas da moradia e o que fazer para resolvê-los.

— Visitar áreas de ocupação porventura existentes na cidade, buscando conhecer o caminho que os "sem-terras" percorreram para chegar a essa forma de luta pela moradia.

— Para leitores que sejam professores ou alunos, a realização destas atividades possibilitará maior colagem, integração e conscientização da relação da escola com a comunidade.

— Para todos os leitores, a participação ativa na questão da moradia demonstrará o quanto a luta coletiva poderá ser responsável por uma cidade melhor, com moradias melhores para todos.